« JE VOUS PARDONNE TOUS VOS PÉCHÉS »

40 prêtres dévoilent
les petits et grands secrets
de la confession

Direction éditoriale : Stéphane Chabenat
Éditrice : Coralie Delvigne
Conception graphique et mise en pages : Florence Cailly
Conception couverture : olo.éditions

Les Éditions de l'**Opportun**
16, rue Dupetit-Thouars
75003 Paris

www.editionsopportun.com

« JE VOUS PARDONNE TOUS VOS PÉCHÉS »

40 prêtres dévoilent
les petits et grands secrets
de la confession

AVANT-PROPOS

C'est une blague très populaire qui circule dans les séminaires entre les laudes et les vêpres. L'histoire d'un curé, sorte de Don Camillo hexagonal qui, fraîchement nommé, file se présenter au Peppone de son village : « Bonjour Monsieur le maire, je viens de réaliser ma première confession sur vos terres et ça commence fort, c'était un cas d'adultère. » Soudain, l'épouse du premier magistrat débarque toute guillerette et tombe sur le prêtre qui ne lui est pas inconnu. « Ah mon père, quel privilège d'avoir été votre première pénitente ! », s'exclame-t-elle.

Cette fable aux accents vaudevillesques sert de leçon à tous les futurs ordonnés amenés à pardonner les bassesses de leurs ouailles : moins ils parleront à autrui de leurs sessions de confessions, mieux ils se porteront. Dans le monde tout petit des paroisses qui se réduisent comme peau de chagrin, gare aux quiproquos ! En dévoilant à des « étrangers » des situations concrètes de péchés encaissées, les prêtres prennent le risque de briser le secret absolu du sacrement de pénitence et de réconciliation et donc, par la même occasion, d'être excommuniés. Autant dire que pour qu'ils passent aux aveux et divulguent certains vices de leurs fidèles, il faut se lever très tôt, être convaincant et croire aux miracles. Ce que nous avons fait.

Grâce à Dieu et surtout à beaucoup d'obstination, quarante prêtres œuvrant en France ont bien voulu nous raconter le contenu des échanges dans le confessionnal et distiller pléthore d'anecdotes. Sans surprise, leurs collègues, adeptes du « surtout pas de scandale » ont été bien plus nombreux à refuser de s'exprimer sur ce sujet très tabou, enclins à dépasser les généralités spirituelles et entrer dans les détails pas très catholiques. On ne va pas leur jeter la pierre : quand ils n'ont pas répondu par un silence religieux, ils avaient des excuses (plus ou moins) valables. « Je ne touche pas terre, je déclare forfait », évacue le père Olivier qui a un emploi du temps de ministre du culte. Même son de cloche du côté du père Florent « trop occupé ». Certains n'hésitent pas à nous faire la morale. « Ce dont nous avons besoin n'est pas de savoir ce qui est confessé mais comment se confesser », sermonne, par exemple, le père Pascal, invalidant un projet qui « semble nourrir un voyeurisme se dissimulant sous la prétention à la transparence ». D'autres nous souhaitent tout de même « bon courage ». « Je décline votre invitation mais j'espère que ce projet ira au bout », positive le père David. « Je suis sûr que vous trouverez des prêtres qui accepteront et qui seront même flattés par votre demande. Je confie votre projet au Seigneur », prêche, avec un soupçon d'ironie, un autre prêtre en nous assurant de ses « prières ». Qu'il en soit remercié : quarante de ses confrères, sensibles aux flatteries, si l'on en croit ce serviteur du Christ, se sont donc prêtés de bonne grâce à l'entretien. Certains affichent un demi-siècle de sacerdoce, d'autres ont été ordonnés il y a peu. Curés, doyens, abbés, vicaires, frères dominicains, théologiens, aumôniers, chapelains…, jeunes ou à la retraite, conservateurs ou progressistes, de droite comme de gauche, souvent francs-tireurs, ils ont tous, « au nom du Père et du Fils et du Saint-Esprit », le pouvoir d'absoudre nos infractions.

Ils officient à la ville ou à la campagne, portent le col romain ou une simple chemise de laïc, sont incardinés dans le diocèse de Paris, Bordeaux, Lyon, Saint-Denis ou Créteil. Ils sont les ambassadeurs d'un clergé loin d'être monolithique, affichant des points de vue parfois totalement à l'opposé, ce qui fait la richesse de cet ouvrage.

Ils offrent généreusement leurs récits et expériences de façon quasi-anonyme, condition *sine qua non* pour pouvoir s'épancher sans craindre les foudres de leur évêque : seul leur prénom est ici mentionné. Et quand ce dernier est trop identifiable ou identique à celui d'un acolyte, nous l'avons changé.

Leurs témoignages sont tantôt légers et drôles, tantôt graves et sordides, tantôt émouvants et douloureux. Ils sont l'écho loyal de ce qui se murmure sous le crucifix et sur le prie-Dieu. Même si ces confidences sont parfois précises, nous avons veillé à ce qu'aucune d'entre elles ne trahisse le sacro-saint secret de la confession. On ne voudrait pas que ces bienfaiteurs de l'information soient défroqués à cause de notre opus profane. Tous, sans exception, conservent évidemment leurs chances d'accéder au paradis !

Outre les dizaines d'indiscrétions de ces volontaires, nous répondons dans ce livre à toutes les questions que vous vous posez sur le rite qui ne laisse personne indifférent. Tout ce que vous avez toujours voulu savoir sur la confession sans jamais oser le demander à « Monsieur le curé ».

Mais alors quelles sont les turpitudes que les catholiques du XXIe siècle, loin d'être des anges, viennent souffler aux oreilles du confesseur dans la cabane des pécheurs ? Des offenses qui surgissent depuis la nuit des temps à l'instar de l'infidélité, de la vengeance familiale, du mensonge, de la goinfrerie, du blasphème ou du meurtre. Et d'autres plus contemporaines comme la dépendance au cyber-porno, la fumette illégale, l'excès de vitesse, la médisance dégommant le pape François, l'abus d'écrans, le petit arrangement fiscal, la surconsommation, la procrastination ou le vol de stylos au boulot. Rien qui mérite d'être brûlé ou pendu en place publique. « Je ne cesse de répéter au pénitent : *vous savez, vous pouvez tout confier au prêtre, au Seigneur, parce qu'on a tout entendu* », rassure le père Stanislas.

Le clergé en voit effectivement des vertes et des pas mûres. Mais pas de quoi sourciller a priori. « Je confesse des gens que j'admire profondément. Je me dis : *mais quelle audace ils ont de ne pas avoir peur de confier ce qui est abîmé*. Je suis bluffé à tous les coups ! », applaudit le père Alexis. Pourtant, les cachotteries qui sortent sont de temps en temps totalement folles. « Il y a des histoires à dormir debout qui relèvent davantage de la psychiatrie. Parfois, je me demande : *mais pourquoi les gens accumulent autant de catastrophes ?* », livre le père Antoine. « Mais ce que confessent les gens le plus souvent, c'est d'avoir de la haine au cœur », résume le père Éric.

Il n'empêche, la palette des impuretés est extrêmement large. À l'image de la variété des clients potentiels des boîtes obscures. « Qui d'entre nous peut prétendre ne pas être un pécheur ? Personne. Nous le sommes tous », a rappelé, en 2014, le pape François en plein Carême. Apôtre du pardon, marchant dans les pas de ses prédécesseurs Jean-Paul II et Benoît XVI mais en plus *« cash »*, le souverain pontife argentin contribue au retour en grâce des soulagements solennels de conscience. « On rencontre de plus en plus de jeunes, fers de lance du renouveau de l'amour pour Jésus-Christ. Plus on l'aime, plus on veut lui ressembler », traduit le père Emmanuel. « Le regain de miséricorde fait vivre. Redécouvrir que je suis aimé au-delà de mes péchés, tel que je suis, et que Dieu ne me réduit pas à mes faiblesses, ça m'aide à consentir à mes fragilités », considère le père Hervé.

C'est qu'on ne va plus à confesse comme un coupable répond à la convocation d'un juge. Les temps changent, même sous les clochers. Les générations les plus âgées ont gardé un sale souvenir de ce rituel qui, dans leur enfance, pouvait être intrusif et aliénant, sous l'emprise d'un pouvoir clérical exerçant une manipulation mentale. Aujourd'hui, le sacrement, délaissé par les aînés, est devenu moins moralisateur, plus spirituel. Il est vécu comme une délivrance et non comme une séance imposée de flagellation. Ce sont les nouvelles générations qui donnent le la. « La confession devient plus vraie, moins enfantine », signale le père Alexandre.

Pour autant, elle n'attire globalement pas les foules, même durant la période de Carême avant Pâques ou celle de l'Avent précédant Noël.

« De nos jours, beaucoup de fidèles ne se confessent plus ou très peu », regrettait, en août 2020, le cardinal Pietro Parolin, secrétaire d'État du Saint-Siège et plus proche collaborateur du pape François, lors d'une visite au sanctuaire d'Ars. « La pratique a beaucoup chuté mais elle a gagné en densité, en vérité », résume le père Alexis. « J'accueille un millier de fidèles chaque dimanche à la messe mais je ne reçois pas 1 000 confessions par an. L'accès à la conscience morale demeure difficile », admet le père Bertrand.

En revanche, la confession sur un plateau télé, ou les réseaux sociaux, marche du feu de Dieu. Le déballage public d'intimité n'a jamais été aussi branché. « Il existe une soif à "se la raconter" dans les *talk-shows*, à exposer sa petite enfance ou sa vie sexuelle. Il y a davantage de pudeur dans le confessionnal que sous les projecteurs. Il est plus facile de se mettre à poil devant les autres que de mettre son âme à nu », s'émeut-il. « Dans l'émission de téléréalité *Secret Story*, ils ont même instauré un confessionnal, c'est dire ! », sourit le père Roger. Parallèlement, les cabinets de psys affichent complet. « Les psychothérapeutes, psychologues et psychiatres ont progressivement pris la place des confesseurs », note, impuissant, le père Didier, médecin des âmes qui consulte gratuitement.

La confession en général n'échappe pas aux phénomènes de société. Celle, plus pieuse, qui illumine toujours les nefs en subit directement les conséquences. « C'est ce que j'appelle la maladie des scrupules, une pathologie très marquée qui consiste à toujours se sentir coupable sous la pression de la société. C'est un véritable démon. Les fidèles débarquent avec une liste de péchés pour être sûrs de ne rien oublier. Et quand ils font une connerie et s'en repentent, ça continue de les poursuivre », s'irrite le père Thierry. « Si l'Église a été moralisatrice comme l'est la société aujourd'hui, je comprends ce que les fidèles ont enduré », s'étouffe le père Thomas. « Les jeunes veulent être certains d'être dans les bonnes cases. La société passe son temps à nous montrer du doigt, à nous interroger : *Est-ce que je suis dans les clous ?* », accuse le père Denis. Et, en excellent VRP du Seigneur, de faire l'article du sacrement du pardon : « Dans le confessionnal, les gens ne sont pas jugés, pas enfermés, pas emprisonnés. Au contraire, c'est une libération qui s'opère. »

« On aide les personnes à devenir meilleures en les déculpabilisant », loue le père Thierry.

Les clercs mettent en avant le fait que dans notre société « libérale », tout est permis mais rien n'est pardonné alors que dans leur chère Église, qui pose des interdits, tout n'est pas autorisé mais, en revanche, tout est pardonnable. « On a l'image d'une religion qui juge et condamne. Mais aujourd'hui, elle juge et condamne bien moins que le monde médiatique capable de vous lyncher pour un tweet écrit il y a des années. Nous sommes l'une des rares institutions à parler de pardon », vante le père Hervé. « La confession est aussi un ministère de la consolation », encense, très *« corporate »,* le père Jacques. Comme ses condisciples, il blanchit les taches des autres mais, histoire d'être au clair avec lui-même, ne manque jamais de laver les siennes. Car les *padres,* à mille lieues d'être des saints à qui on donnerait le bon Dieu sans confession, passent régulièrement par la case confessionnal. Cette modeste bible des transgressions est aussi l'occasion de révéler leurs propres péchés.

CIEL, MON MARI !

C'est un grand classique des péchés et il ne date pas d'hier. La tromperie nourrit l'ADN des confessions depuis des siècles. « Je me souviens qu'un enfant avait demandé un jour à une religieuse : *c'est quoi l'adultère ?* La sœur avait répondu *: c'est un péché réservé aux adultes* », narre, hilare, le père Roger. Les pénitents sont autant des coureurs de jupons que des coureuses de cravates. « L'aveu d'une aventure illégitime, c'est masculin-féminin. Il y a la parité, croyez-moi ! », atteste le père Christophe. À chacun ou chacune sa manière d'annoncer l'existence d'une maîtresse ou d'un amant. « Il y a des gens qui en viennent directement aux faits, d'autres qui emballent ça de plein de détours. Parfois, on a envie de rire », s'esclaffe le père Denis. « Généralement, ça commence par : *j'ai fait une grosse boulette !* », condense le père Francis. Certaines situations peuvent s'avérer cocasses sans toutefois être dignes d'un scénario à la Feydeau. « Je n'ai jamais eu l'histoire de l'amant caché dans le placard », avance le père Patrick. Dans la grande majorité des cas, ce n'est vraiment pas comique. « C'est destructeur. Les hommes ou femmes infidèles ont l'impression de s'être séparés d'une certaine image d'eux-mêmes, avec le sentiment d'avoir échoué, de s'être perdus, d'avoir été les auteurs d'une souffrance ! », brosse le père Daniel. « Ils vivent un déchirement, avec une forte culpabilité », confirme le père Jean-Louis. Si on ne badine pas avec l'infidélité chez les cathos, c'est qu'elle est bannie par le Sixième commandement : *Tu ne commettras pas d'adultère*. Lors d'une audience générale place Saint-Pierre à Rome en octobre 2018, le pape François, commentant cette injonction, a rappelé que « c'est toute la vie qui se joue dans l'amour et on ne plaisante pas avec l'amour ». Et de marteler que « l'être humain a besoin d'être aimé sans conditions » et qu'« aucune relation humaine n'est authentique sans fidélité ni loyauté ».

AVEU SANS REPENTIR

« Un homme de 70 ans environ débarque : *je sais que vous ne pouvez pas mais je vous demande quand même. Mon petit-fils va faire sa première communion et j'aimerais communier. Seulement voilà, j'ai une maîtresse. Bon, je n'ai pas l'intention de la quitter, je vais continuer ma vie avec elle. J'ai déjà vu un prêtre mais il n'a pas voulu me donner l'absolution. Et vous, vous pouvez m'aider ?* Évidemment, je n'ai pas pu lui accorder le pardon. Si je l'avais fait, je n'aurais pas respecté la communion. Il y avait certes l'aveu mais pas le repentir. Il n'a guère été étonné, il connaissait les règles. »

Père Vincent

POSEUR DE COLLE

« Un homme m'a demandé : *j'ai trompé ma femme par le passé mais j'ai arrêté, elle ne l'a jamais su alors est-ce qu'il faut lui avouer ?* C'est compliqué. Parce qu'on n'est pas des directeurs de conscience, on ne décide pas à la place des gens. Le silence n'est pas forcément un péché et toute vérité n'est pas bonne à dire. Donc, au final, je n'ai pas su quoi lui répondre. »

Père Franck

L'ART DE LA PÉDAGOGIE

« Grâce à un éveil de sa conscience, un homme infidèle a compris qu'il avait déconné. En confession, il m'a dit qu'il avait décidé de tout déballer à sa conjointe après de nombreuses années de double vie. Je lui ai déconseillé. J'ai même freiné des quatre fers. Car il ne connaît pas la capacité de réception de son épouse, il n'a pas à décharger sur l'autre le fardeau. Alors la pénitence, c'était : *vous allez d'abord vous taire et changer de comportement, ensuite vous pourrez lui dévoiler votre secret avec pédagogie.* »

Père Benoît

« JE NE VAIS PAS LES ENVOYER EN ENFER POUR ÇA ! »

« Certains Antillais ne considèrent pas l'adultère comme un péché grave, c'est même, à les écouter, plutôt un passage obligé, comme un apprentissage. Beaucoup tournent autour du pot mais je ne suis pas né de la dernière pluie. La plupart y voient une petite entorse au contrat. Quoi qu'il en soit, je ne vais pas les envoyer en enfer pour ça ! »

Père Gérard

INSATISFAITE

« Fréquemment, j'entends : *je trompe mon mari, je ne suis pas satisfaite sexuellement par lui alors je compense avec d'autres.* Mais en même temps, si elle exprime cette situation en confession, c'est qu'elle n'en est pas non plus satisfaite ! »

Père Christian

LE BON TIMING

« L'adultère, je l'entends souvent a posteriori, une fois que la décision de rompre a été prise : *quand j'étais encore avec mon mari, je l'ai trompé pendant six mois.* »

Père Stéphane

L'ASSASSIN SE MET À TABLE

Ce n'est pas un passage obligé dans la carrière d'un col romain. Mais étonnamment, cela arrive plus souvent qu'on ne l'imagine. Les clercs sont parfois amenés à recevoir les aveux et remords de meurtriers déjà condamnés par une cour d'assises, dans l'attente de leur procès ou toujours en cavale. Au nom du secret de la confession, il leur est strictement interdit de livrer leur identité aux policiers et aux juges. Ils ne peuvent être des « colporteurs » : ce qu'on leur confie dans le confessionnal reste dans le confessionnal. Si, dans la justice des hommes, le droit civil reconnaît, dans certains cas, la nécessité de lever le secret professionnel (notamment pour des atteintes portées à un mineur de moins de 15 ans), de telles exceptions n'ont pas droit de cité dans le droit canonique. En revanche, inciter un pénitent à se rendre lorsqu'il a commis un crime est une obligation rappelée par l'épiscopat hexagonal à la suite des scandales d'abus sexuels dans l'Église en 2016. Dans sa carrière de confesseur, il est arrivé au père Christian de croiser « des assassins en liberté ». « Je leur ai demandé : *est-ce que vous avez pensé à la justice des hommes, à la famille des victimes... ?* » Mais jamais, il ne les a dénoncés. « Là-dessus, je n'ai aucun état d'âme, même pour des horreurs. »

ACQUITTÉ

« C'est le plus gros ratage dans ma mission de prêtre. J'étais aumônier en prison. Un détenu m'a demandé la confession. Il avait tué quelqu'un et m'a avoué son crime. Il a demandé pardon à Dieu. Je lui ai donné l'absolution. Mais quelques mois plus tard, j'ai appris qu'il avait plaidé non coupable lors de son procès aux assises et qu'il avait été innocenté ! J'ai très mal vécu cet acquittement, j'ai ressenti et je ressens toujours un énorme dégoût. Je me suis fait avoir. Je ne pouvais rien dire sinon j'aurais été excommunié. Lors de la confession, il avait dû prendre conscience de l'importance de son mensonge. Parfois, pour ce genre de cas très précis, il faudrait nous accorder 6 mois de maturation avant de donner le sacrement de réconciliation, qu'un temps de réflexion soit laissé aux pénitents. »

Père Cédric

✝

BARBARE

« Un ancien soldat africain devenu clodo m'a confessé un meurtre. Il se considérait comme un barbare. »

Père Jean-Luc

À VOS ORDRES !

« Des anciens soldats, qui ont commis des faits de guerre, regrettent parfois d'avoir considéré l'ennemi comme du bétail. La conscience doit passer avant tout ordre. Mais ils peuvent avoir des circonstances atténuantes. Le péché est partagé avec leur hiérarchie. »

Père Didier

PORTER SA CROIX

« J'ai confessé un homme qui avait torturé pendant la guerre d'Algérie. Il a porté ce secret totalement durant un demi-siècle, il l'a traîné presque toute sa vie comme un boulet. Puis, face à moi, il a réussi à lâcher le morceau, il a pu se libérer de ça. Je ne lui ai pas donné de pénitence, il avait déjà suffisamment porté sa croix. »

Père Arnaud

SECRET-DÉFENSE

« J'ai eu un cas. Je ne peux pas en parler, il se reconnaîtrait. Il officiait dans les services secrets et a commis plusieurs crimes. Là, c'est le secret de la confession mais aussi secret-défense ! »

Père Serge

TRAGIQUE

« Un jour, un homme de passage dans la paroisse a demandé à me voir. Je ne le connaissais pas. Il voulait se confesser. Il m'avoue alors avoir tué quelqu'un la veille. Il y avait, dans sa démarche, un désir de libération d'un poids, quelque chose qui appelle au salut. Comment aider ce croyant à affronter un acte épouvantable ? C'est déstabilisant le tragique ! Que la faute soit reconnue devant moi ne suffit pas. Je l'ai encouragé à se rendre à la gendarmerie. Je ne sais pas s'il l'a fait. »

Père Jean

MEURTRE ÉCOLO

« Je me trouvais à l'époque à Rome dans une paroisse. J'étais tout jeune prêtre, j'avais trois mois d'ordination. Un homme me dit dans le confessionnal : *mon père, j'ai tué*. Ma première réaction intérieure a été : *mais pourquoi n'est-il pas allé voir le prêtre à côté ?* D'autres questions m'ont envahi : *mais alors, il a éliminé qui ? Sa femme, sa belle-mère ?* Je prends mon courage à deux mains pour essayer de remettre du concret et lui demande en italien qui il a tué. En fait, il avait écrasé des fourmis et, à ses yeux, il avait attenté à la vie. C'était déjà un discours avant-gardiste sur l'écologie intégrale ! »

Père Éric

✝

PENSÉE ASSASSINE

« Une femme m'a confessé avoir eu envie de tuer son compagnon qui s'était barré au moment où elle était tombée enceinte. Il ne voulait pas de l'enfant. C'était une pensée qui lui avait traversé l'esprit. »

Père Roger

OÙ SONT LES PERVERS ?

« Les pervers sexuels, je ne les vois jamais ! Ils n'ont pas de culpabilité, ils ne vont pas plus se confesser qu'ils se rendent chez le psy. »

Père Jacques

FRÈRE MONSTRUEUX

« J'ai rencontré un jour en confession un homme qui avait assassiné deux personnes. Les faits avaient été commis quelques semaines plus tôt. Je lui avais donné le pardon comme on donne une extrême-onction. Je ne l'ai jamais revu, le mec a dû se faire flinguer peu de temps après ! Mais la règle générale normalement pour un assassin en liberté, c'est de ne lui accorder le pardon que lorsque le mal est terminé. On peut essayer de le guider : *y a-t-il une issue ? Est-ce que vous seriez prêt à en rendre compte devant la justice des hommes ?* S'il refuse, on n'y peut rien. Un jour, un autre meurtrier m'a dit : *je suis un monstre*. Je lui ai répondu : *dans le Christ, vous êtes mon frère.* »

Père Christian

« DIEU VOUS AIME TOUJOURS »

« Alors que j'étais encore séminariste, donc dans l'impossibilité de confesser, j'ai rencontré lors d'une visite en prison un homme qui venait d'être incarcéré. Pendant cinq minutes, il s'est prosterné devant moi. Puis, en se relevant, il m'a fait une confidence : *je suis un salaud, je viens de tuer ma femme et mes enfants. Ma fille, qui était cachée dans le placard, a tout vu.* Je lui ai répondu : *aussi lourde soit votre culpabilité, Dieu vous aime toujours. Vous ôter la vie ne changera rien.* »

Père Christophe

LE PARDON N'EFFACE PAS TOUT

« Un sataniste rencontré en prison m'a confessé avoir déterré une morte qu'il a ensuite violée. C'est une responsabilité énorme que de lui accorder le pardon, le faire revivre ou quelque part le tuer. La confession enlève la culpabilité mais pas la responsabilité. L'acte n'est pas nié. Le pardon, ce n'est pas : *on oublie tout, on efface tout !* Ce serait infantiliser le pénitent. »

Père Cédric

IL A TUÉ MON FILS !

« J'ai rencontré une maman dont le fils avait été assassiné. Elle se confessait car elle n'arrivait pas à pardonner au meurtrier et éprouvait toujours de la haine. »

Père Marc

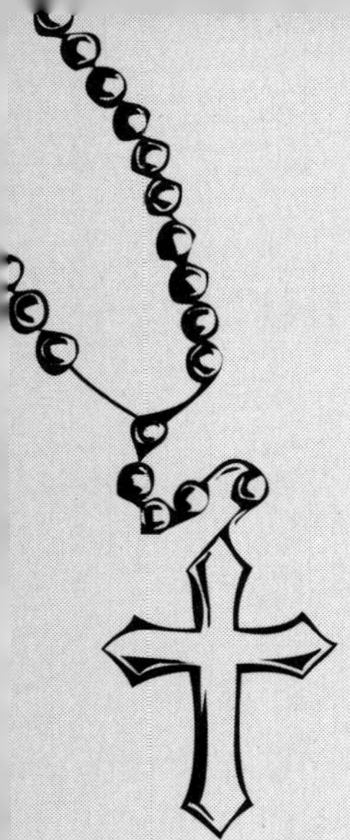

LES QUESTIONS QUE L'ON SE POSE : **LE B.A.-BA DE LA CONFESSION**

QUELLE EST LA DIFFÉRENCE ENTRE PÉCHÉ MORTEL ET PÉCHÉ VÉNIEL ?

Le péché mortel (meurtre, violence, vol, adultère...) est considéré comme extrêmement grave. Commis en toute connaissance de cause (pleine conscience, pleine liberté, plein consentement...), il « détruit la charité dans le cœur de l'homme » et sépare de Dieu. Cet acte coupe totalement celui qui le commet de la grâce divine, entraînant sa mort spirituelle. Sa « résurrection » passe alors par la confession et l'absolution accordée par un prêtre. Le péché véniel (médisance, vantardise, jugement injuste contre le prochain, réception de la communion de manière insouciante...), lui, ne rompt pas l'alliance, la communion avec le Christ. Ce manque d'amour blesse la charité, « affaiblit » la grâce divine mais ne la supprime pas. Néanmoins, l'accumulation de péchés véniels peut, parfois, conduire à la rupture avec Dieu. Il y a différentes voies pour se libérer d'un péché véniel. Il est « souhaitable », aux yeux de l'Église, de confesser ses péchés véniels à un prêtre mais il existe aussi la prière, les actes de contrition et les œuvres de charité pour y échapper.

LA CONFESSION PEUT-ELLE INSPIRER UN SCÉNARIO HITCHCOCKIEN ?

Oui, Alfred Hitchcock, maître planétaire du suspense en a fait tout un film, baptisé *La loi du silence (I confess* dans sa version originale) et sorti en salles en 1953. L'auteur de *Soupçons* et *Psychose* raconte les mésaventures, dans la ville de Québec au Canada, d'un jeune prêtre, le père Michael Logan, accusé d'un meurtre qu'il n'a pas commis. Le coupable, Otto Keller, qui a assassiné, revêtu d'une soutane, un avocat pour de l'argent, lui a avoué son crime dans le confessionnal. Mais au nom du secret de la confession, le curé mis dans la confidence ne peut alerter la police. Et même se défendre quand il devient le suspect numéro 1, des témoins affirmant avoir vu un rôdeur portant la longue robe boutonnée noire.

L'ARGENT N'A PAS D'ODEUR

L'argent gouverne le monde, dit-on. Mais gouverne-t-il aussi les confessions ? Certes, les conflits d'héritage, les malversations de patrons, les détournements de fonds, les filouteries fiscales... ont leurs entrées ici ou là dans le confessionnal. Mais ces aveux sont plutôt rares, bien en deçà de la réalité des faits si l'on en croit les prêtres en première ligne. Les histoires de fric, qui finissent mal en général, demeurent des péchés inavouables. Logique, les questions d'oseille ont toujours été taboues dans notre pays. « Or, l'argent, c'est ce qui abîme le plus les gens », remarque le père Victor. « C'est pas l'homme qui prend l'argent, c'est l'argent qui prend l'homme », réplique le père Thierry, dans un clin d'œil à la chanson de Renaud. Le pape François, pourfendeur du « capitalisme effréné » montre, pourtant, régulièrement du doigt les ouailles obsédées par leurs fortunes, rappelant que « saint Pierre n'avait pas de compte en banque ». « Si un croyant parle de pauvreté et de sans-abri et mène une vie de pharaon, ce n'est pas possible », tacle-t-il. En la matière, sa philosophie de révolutionnaire à la férule tient en une phrase : « Tu ne peux adorer simultanément Dieu et l'argent. » Et de confesser ce que toute la planète sait depuis son intronisation : « Je n'ai jamais été de droite... »

ZÉRO BANQUIER

« Je n'ai pas souvenir d'avoir confessé beaucoup de banquiers. »

Père Jean

PAUVRES PÉCHEURS

« Dans les milieux populaires, le pognon ne se retrouve pas dans les confessions. Il faut dire que les pauvres ne roulent ni en Ferrari ni ne spéculent ! »

Père Gérard

PINGRERIE

« De manière générale, je remarque que les pénitents parlent très peu de fric. Or, dans l'Évangile, Jésus nous interroge profondément sur notre rapport à l'argent. Ils préfèrent meubler la confession avec des péchés de rien du tout ! Quand ils abordent tout de même ce thème, c'est pour rendre compte de leur pingrerie : *un mendiant m'a demandé une pièce dans la rue, mais j'ai refusé !* Il existe aussi un péché par omission chez ceux qui amassent du pognon et n'en font rien de constructif, le laissant fructifier sur un compte. Ce qui est apparu récemment, ce sont les confessions ayant mis en danger le budget familial à cause d'achats futiles et impulsifs. J'ai aussi entendu une dame regretter : *j'ai acheté une robe très chère en cachette au lieu d'un jouet pour mon enfant.* »

Père Franck

LE COMPTEUR TOURNE

« Un chauffeur de taxi m'a confessé ne pas toujours prendre le chemin le plus court, histoire de grappiller quelques euros. »

Père Roger

MASTER EN ÉCONOMIE REQUIS…

« Il arrive que le sujet soit trop technique quand un pénitent évoque ses magouilles. Une fois, l'un d'eux a confessé une triche en bourse assez subtile. Il me manquait un master en économie pour percevoir la malice et le vice. Les montages financiers étaient très complexes. Bon, en gros, j'ai quand même compris que c'était un vol. »

Père Jean-Luc

RESQUILLEURS DU MÉTRO

« Quand j'officiais dans le 93, la fraude dans le métro était un péché très courant chez les jeunes : *j'ai voyagé sans ticket, je ne paie jamais quand je monte dans les transports publics...* »

Père Marc

ANTISOCIAL

« Les confessions sont majoritairement de la morale privée, familiale et sexuelle. Celles touchant à la justice sociale sont extrêmement minoritaires. Les gens n'en ont rien à foutre des pauvres. »

Père Christian

LE BEURRE ET L'ARGENT DU BEURRE

« Le fric, c'est l'angle mort de la confession. Tout le monde dit qu'il le mérite ! »

Père Hubert

BANQUEROUTE

« Un banquier obligé d'initier des choses pas très nettes a reconnu avoir poussé un client à la faillite en l'incitant à faire emprunt sur emprunt. »

Père Olivier

MAGOUILLES FISCALES

« Les bidouilles fiscales parviennent jusqu'à mes oreilles mais beaucoup moins que ce qui existe. Je comprends. Moi-même, j'ai pratiqué à une époque sans beaucoup de remords. »

Père Franck

BAKCHICH

« J'ai entendu le péché de corruption, la petite enveloppe que l'on distribue pour obtenir un service. »

Père Antoine

AVIS D'IMPÔT

« Peu de fidèles confessent ne pas tout déclarer aux impôts. Sauf ceux qui ont une grande conscience de ce qu'ils sont, ce qui est assez rare. On préfère glorifier la dissimulation, c'est un sport français. »

Père Serge

TU NE FRAUDERAS PLUS

« À celui qui fraude le fisc allègrement, je ne vais pas lui demander de se dénoncer au risque de se prendre un méchant contrôle fiscal. Ma seule pénitence, c'est : *la prochaine fois, vous déclarez correctement.* »

Père Roger

CORRUPTION

« Des cols blancs m'ont confessé des phénomènes de corruption. Il y a visiblement beaucoup d'argent en jeu mais ils ne me précisent pas le montant. »

Père Paul

RENDRE À CÉSAR…

« Cela fait 2 000 ans que l'Église répète à ses ouailles qu'il faut payer ses impôts, rendre à César ce qui appartient à César comme le dit l'Évangile. Mais ça ne suffit pas ! »

Père Laurent

TRUANDER LE FISC

« Pour un ancien haut fonctionnaire, c'était le remords de sa vie : il avait truandé le fisc lors d'une succession. Cela le taraudait depuis des années. »

Père Christian

PAS TRÈS RÉGLO

« Le pénitent va vous dire qu'il n'a pas été réglo sur les impôts mais il n'entre jamais dans les détails. Pourtant, il n'a aucun contrôle fiscal à craindre ! »

Père Olivier

PÉCHÉ MIGNON

« Un jeune, complice d'un vol dans un supermarché, est venu me voir. Lors du passage en caisse, la caissière l'avait trouvé mignon et ne lui avait pas fait payer l'article. Il se sentait coupable mais il ne se voyait pas rendre le produit. Alors lors de la confession, je lui ai demandé de donner de l'argent à un clochard, une somme correspondant à la valeur de l'objet. »

Père Paul

SEXE, MENSONGES ET VIDÉOS

C'est un dossier classé X au sein de l'Église de France. Selon beaucoup de prêtres que nous avons interrogés, la pornographie sur Internet concentre désormais une part non négligeable des confessions intimes. « Un homme sur quatre évoque ce fléau », recense le père Christian. Mais ce vagabondage masculin et de plus en plus féminin, est-il vraiment une surprise ? Car comme le rappelle la parole du Christ tirée de l'Évangile, « l'esprit est ardent mais la chair est faible ». Ce qui est sûr, c'est que le Catéchisme de l'Église catholique y voit « une faute grave ». Selon lui, la pornographie « offense la chasteté parce qu'elle dénature l'acte conjugal, don intime des époux l'un à l'autre ». « Elle porte gravement atteinte à la dignité de ceux qui s'y livrent (acteurs, commerçants, public), puisque chacun devient pour l'autre l'objet d'un plaisir rudimentaire et d'un profit illicite. Elle plonge les uns et les autres dans l'illusion d'un monde factice », poursuit-il.

Le goût du cul, du cul, du cul n'est pas seulement virtuel. Dans le confessionnal, il est aussi question de plaisirs solitaires, de recours aux prostituées ou de sages ébats... avant le mariage. « Les péchés sexuels sont ceux qui humilient le plus et font éprouver le plus de honte », relève le père Stéphane.

SCOUT TOUJOURS

« Lors de rassemblements des aînées des scouts d'Europe, des filles de 19-20 ans confessent régulièrement une addiction aux sites pornos. »

Père Marc

AU SECOURS

« Quand un homme confesse être accro à la pornographie sur internet, il est en fait en train de me dire : *j'aimerais être fidèle à ma femme mais je n'y arrive pas.* »

Père Francis

OBSESSION

« La confession s'obsessionnalise autour de la sexualité, en particulier la masturbation. Trois quarts des péchés portent sur ce thème. C'est un acte courageux et lucide de la part des pénitents qui ne fuient pas. Mais c'est encombrant, disproportionné, démesuré. Je constate une surestimation de cette sphère de péchés au détriment des autres et ça m'attriste. On parle de ça pour ne pas parler d'autre chose. Il faut que les gens, qui culpabilisent même quand ils ont de simples pensées, se détendent sur ces questions et qu'ils relisent la Bible, ce n'est plus possible ! C'est comme si on n'avait pas fait Mai 68 ! »

Père Jacques

TABOU

« J'ai observé une vraie détresse autour des questions de la sexualité, notamment chez les jeunes adultes. Ils commencent par tourner autour du pot, évoquent durant 15 minutes leur boulot, leur épouse... Puis vient le moment où ils lâchent le morceau : *j'ai regardé des images impures !* Ils enrobent le péché. Ils sont totalement bloqués car la sexualité est un tabou dans leur famille. »

Père Marc

✝

THÉRAPIE VIRTUELLE

« L'addiction amoindrit le péché. À celui qui est accro aux sites pornos, je lui conseille, lors de la pénitence, d'aller consulter... internet. Mais le site *Libre pour aimer*, initié par un prêtre, qui permet de se libérer de cette dépendance. La Toile peut aussi être l'instrument du salut ! »

Père Jean-Luc

MASCULIN-FÉMININ

« Depuis une dizaine d'années, la consommation de pornographie touche toutes les tranches d'âge, surtout les hommes mais ça s'amplifie chez les femmes. Souvent, il y a une profusion de paroles, comme pour se justifier. Pour la pénitence, je lance des pistes : *que pouvez-vous faire pour vous améliorer ?* Je renvoie le pénitent à sa propre liberté. »

Père Patrick

DÉPRESSION

« L'addiction aux sites pornos touche les célibataires et les mariés, les hommes et les femmes, les jeunes et les vieux… Ils ont tous un dégoût d'eux-mêmes. Ils se focalisent sur cette addiction parfois au détriment d'autres, comme l'alcoolisme. La réitération du péché peut les déprimer. »

Père Paul

MALAISE

« Il y a quarante ans, au début de mon ministère à Paris, un homme me racontait sa perversité sexuelle. Les ténèbres du confessionnal l'encourageaient. Un malaise s'est instauré. Je lui ai coupé la parole. Il s'est arrêté de déraper. »

Père Jean

PARTIES INTIMES

« C'est un sujet sensible qui touche à l'intimité. Si les gens n'ont pas forcément conscience que voler le fisc est un péché, ils ont pleinement conscience que c'en est un quand ils vont sur un site de cul. »

Père Stanislas

PARITÉ

« La pornographie est l'une des premières perversions de notre société. Des femmes évoquent ce péché en confession. On veut une vraie égalité homme-femme, on l'a ! On veut qu'elles se comportent comme des mecs, c'est fait ! »

Père Emmanuel

ONANISME ÉGOÏSTE

« L'acte masturbatoire revient souvent, surtout chez les hommes. Ils ne s'aiment pas quand ils s'adonnent à ça. Pour eux, c'est un acte égoïste, d'autosuffisance dans le plaisir. »

Père Benoît

LUTTE DES CLASSES

« Les CSP+ vont plutôt tergiverser : *je suis allé sur des sites qui ne conviennent pas.* Pour moi, c'est un péché dans le sens où c'est une participation à une activité esclavagiste et indigne. Je leur dis : *c'est crade, comment y trouvez-vous de l'intérêt ? Bon, si ça vous rend heureux...* Mais s'ils s'en confessent, c'est qu'il y a du regret, que ce n'est pas satisfaisant. La plupart des femmes mariées ne supportent pas que leur mari aille sur ce type de site et considèrent cela comme une infidélité. »

Père Christian

RELATIVISME

« À écouter les pénitents, il paraît plus grave de se masturber que de ne jamais dire bonjour à son collègue de travail. »

Père Hubert

SOUS LA CEINTURE

« Les péchés qui ressortent le plus sont ceux en dessous de la ceinture. C'est 60 à 70 % des confessions : adultère, double vie, addiction avilissante au porno, recours aux prostituées... C'est extrêmement répétitif : *je me suis masturbé en pensant à une autre femme que mon épouse.* »

Père Cédric

LIBERTINAGE

« Il n'y a pas de pratique de confessions concernant le libertinage. Les coquins qui aiment le partage ne sont visiblement pas des pénitents. »

Père Christian

MAINS BALADEUSES

« Des hommes confessent des attitudes inadéquates avec la gent féminine comme des mains baladeuses dans les transports en commun durant les grèves. Mais ils trouvent toujours des excuses : *j'étais tellement serré, tellement énervé que je n'ai pas pu résister.* »

Père Éric

INDIGESTE

« Un jeune de 25 ans d'un très beau quartier me confesse un péché d'addiction : il adore le *bondage*, se faire attacher par des hommes. *Mais il n'y a pas que ça mon père !* poursuit-il. *Mon fantasme, c'est ensuite qu'on me fixe un entonnoir sur la bouche et que j'avale le vomi de mes conquêtes.* Alors là j'ai failli vomir. Mais je lui pose quand même une question : *comment vous faites quand il n'y a pas de vomi ?* Il répond : *j'en ai au congélateur !* Même si c'est un acte consenti, il y a péché car il donne volontairement une image avilissante. Nous sommes filles et fils de Dieu, il nous veut debout et à son image. Je lui ai donc conseillé d'aller voir un psy. »

Père Cédric

LEÇON

« Un ado de 16 ans m'a raconté un très mauvais souvenir de confession avec un confrère. Il lui avait confié : *c'est un vrai gros problème pour moi la masturbation, j'ai besoin de le faire plusieurs fois par jour*. Le curé avait réagi : *ah oui, quand même !* Le lycéen a vécu cette réplique comme un jugement. Il s'est dit que c'était gravissime et ça l'a totalement bloqué. Son expérience m'a servi de leçon. Je ne manifeste jamais rien quand je confesse. J'écoute les yeux fermés. »

Père Thomas

À LA COLLE

« J'invite le pénitent qui vit en concubinage à cheminer vers le mariage. Mais pour que je lui donne l'absolution, soit il reste avec sa compagne en n'ayant plus de relations sexuelles avec elle, soit le couple décide de se quitter d'un commun accord en attendant des jours meilleurs. »

Père Thierry

HORS CONFESSION

« Une scoute de 19 ans cherchait un lieu de parole où le secret est garanti. Elle a donc choisi le confessionnal pour évoquer des rapports sexuels dans un camp avec l'aumônier d'une trentaine d'années. La relation était consentante mais le prêtre se trouvait dans une position dominante. J'étais embêté. On est sorti du cadre de la confession pour faire un accompagnement spirituel. »

Père Vincent

✝

VIEUX DÉMONS

« Un bon père de famille a confessé *: je vais voir les prostituées, je veux maintenant changer de vie mais j'ai peur de ne pas réussir à lutter contre mes vieux démons.* »

Père Thomas

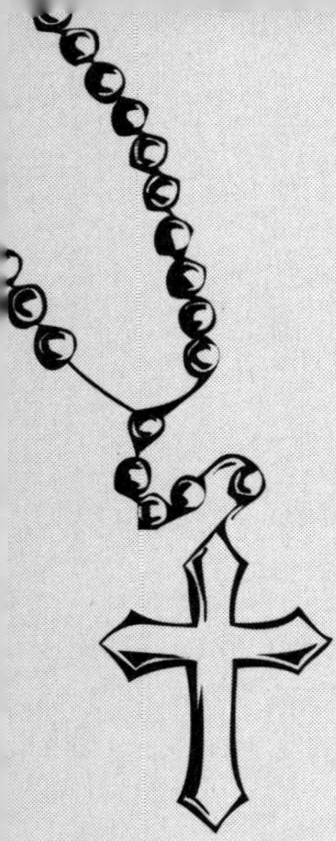

LES QUESTIONS QUE L'ON SE POSE : **LE B.A.-BA DE LA CONFESSION**

LE PLAISIR SOLITAIRE EST-IL UN PÉCHÉ ?

« Par la masturbation, il faut entendre l'excitation volontaire des organes génitaux, afin d'en retirer un plaisir vénérien », définit le Catéchisme de l'Église catholique. Le plaisir est, à ses yeux, un péché, non pas parce que ça rend sourd mais parce que « la jouissance sexuelle y est recherchée en dehors de la relation sexuelle requise par l'ordre moral, celle qui réalise, dans le contexte d'un amour vrai, le sens intégral de la donation mutuelle et de la procréation humaine ». Tous les branleurs, jugés autosuffisants, ne sont pas mis sur un pied d'égalité. « Pour former un jugement équitable sur la responsabilité des sujets, il importe de tenir compte de l'immaturité affective, de la force des habitudes contractées ou des autres facteurs psychiques ou sociaux qui peuvent atténuer, voire réduire au minimum la culpabilité morale de la masturbation », relate le site internet Cybercuré animé par des prêtres. Officiellement donc, s'être astiqué nécessite *a minima* une contrition. Mais pour certains ecclésiastiques que nous avons interrogés, il n'y a absolument pas de mal à se faire du bien. À en perdre son latin ! Sur cette question sensible qui taraude des millions de fidèles hommes ou femmes, le clergé ne parle donc pas d'une seule et même voix. La masturbation n'est nullement évoquée explicitement dans la Bible. Aucun verset qui en ferait un interdit. Ce qui est mentionné est le péché commis par Onan, fils de Juda. Au titre de la loi d'Israël du lévirat (obligation pour le frère d'un défunt d'épouser la veuve de son frère afin de poursuivre la lignée), Onan, qui venait de perdre son frère aîné, devait donner une descendance à sa belle-sœur en s'unissant à elle.

Mais il refusa, préférant disséminer sa semence à terre plutôt que de l'utiliser pour procréer. Son attitude déplut fortement à Dieu qui le punit de mort. Cette histoire a donné naissance au terme onanisme, synonyme de masturbation mais dans ce contexte biblique, il s'agit plutôt d'un coït interrompu, de retrait. « C'est le refus d'ensemencer qui est dénoncé », démêle le père Didier.

Au Moyen Âge, les palucheurs bénéficiaient d'une certaine indulgence comparativement à d'autres pécheurs de chair. Dans le pénitentiel (guide de pénitences destiné aux prêtres) écrit par l'archevêque Théodore de Cantorbéry au VIIe siècle, la pénitence dure sept jours pour le clerc qui a versé sa semence sans se toucher et jusqu'à cinquante pour celui qui l'a volontairement répandue dans une église. Une sanction légère pour l'époque quand on sait qu'un jeune homme ayant touché une femme vierge écope, lui, d'une pleine année de punitions. Au XIe siècle, dans le pénitentiel de l'évêque Burchard de Worms, l'homme qui a « forniqué seul avec lui-même », en « prenant dans sa main son membre viril » et en « tirant son prépuce », doit faire pénitence dix jours au pain et à l'eau.

Le ton se durcit à ce moment-là sous le règne du pape Léon IX qui rejette fermement les auto-caresses désormais perçues par l'Église comme un péché mortel. Mais la tolérance et la clémence sont encore de mise jusqu'au XVIIIe siècle. À compter de cette époque et jusqu'au XXe siècle, le plaisir solitaire, auréolé du statut de péché grave encourant une peine éternelle, sera systématiquement condamné. Mais au XXIe siècle, une icône nageant à contre-courant l'a désacralisé. En 2008, dans ses mémoires posthumes intitulées « Confession d'une religieuse », sœur Emmanuelle se met à nu, quitte à se mettre à dos les pudibonds. « Comment et à quelle occasion ai-je commencé à me masturber, je ne m'en souviens pas. Je pensais que ce n'était pas bien, puisque je le faisais en cachette et plus volontiers à l'école, où je me croyais plus en sûreté. Un jour, les joues en feu, je me trémoussais en classe et subitement j'ai vu la maîtresse me regarder sévèrement à travers la vitre de la porte. Elle m'expliqua que je ne devais plus recommencer. Mais c'était devenu une habitude. (...) Depuis lors se sont développés dans ma chair un penchant pour la volupté et une obsession de la sensualité », écrit-elle. Et d'en rajouter une couche : « Je suis persuadée que ce qu'on nomme *les péchés de la chair* sont les moins graves aux yeux de Dieu. »

UN VERRE, ÇA VA, DIX VERRES, BONJOUR LA CONFESSION !

Ils ont un sérieux penchant pour la boisson, le petit joint du samedi soir, les tickets à gratter « Cash », « Dédé » ou « Millionnaire », les heures sup au boulot... Ils sont accros à des substances plus ou moins toxiques qui tuent leur liberté et font tourner leur tête, jusqu'à en perdre la raison. Ces pénitents de tous âges et de toutes catégories sociales en ont bien conscience et tentent de se débarrasser de leurs excès lors d'une confession-sevrage.

ALCOOLIQUES ANONYMES

« Des gens ont la bête idée de prendre un engagement devant Dieu lors de la confession : *je ne boirai plus une seule goutte d'alcool, je le jure !* Alors quand ils rechutent, ils ont l'impression d'avoir trahi le Christ et sont en pleine panique de foi. À ce pénitent en proie à la solitude, je dis : *Dieu ne va pas suspendre sa relation avec toi. Ta pénitence, c'est d'aller voir le médecin si tu veux te libérer de l'alcool car tu n'y arriveras pas tout seul.* »

Père Éric

EXCEPTION CULTURELLE

« Les péchés liés à l'abus d'alcool sont nettement moins fréquents que ceux liés à la consommation de drogues. C'est très culturel : au pays du vin glorifié, on a du mal à prendre conscience que ça peut être un péché. »

Père Grégoire

SAOULE

« J'ai confessé des SDF du métro qui boivent leur premier whisky à 9 heures du matin. J'ai aussi confessé une femme très alcoolisée et, croyez-moi, c'est compliqué. Certes, l'alcool désinhibe. Mais il ne faut pas qu'il y en ait trop dans le sang. Je lui avais dit : *écoutez, revenez demain, ça ira mieux.* »

Père Jean-Luc

IVRESSE FESTIVE

« Tout ce qui fait que je ne suis plus maître de moi est un péché. C'est le cas de la consommation régulière d'alcool, même festive. »

Père Emmanuel

EMPRISE

« Lors d'un pèlerinage de jeunes, j'ai confessé une ado qui n'avait pas su dire non à un garçon car elle était sous l'emprise de l'alcool. »

Père Victor

SACREMENT MAGIQUE

« Je répète à l'alcoolique : *le pardon ne peut pas tout résoudre*. La tentation, c'est de faire du sacrement une sorte de magie non opératoire. »

Père Hubert

REMBOBINER

« Dans mon pays d'origine dans les Balkans, j'ai de vieux souvenirs de confession au début de mon sacerdoce il y a plus de trente ans. Avant Pâques, durant le Carême, les hommes se confessent systématiquement. Ils vivent cela comme un devoir. Alors pour se donner du courage, ils avalent juste avant et sans modération de la vodka ou de la grappa (une eau-de-vie italienne). Les effluves d'alcool à travers la grille du confessionnal sont puissants ! Après, ils recrachent tous la même chose en replongeant inconsciemment dans leurs péchés d'enfance. Ils expliquent qu'ils ont oublié de prier le soir, qu'ils ne sont pas allés à la messe le dimanche et qu'ils ont dit des mots grossiers. La séance dure 4 heures. Je pourrais enregistrer le premier client puis mettre ensuite une cassette, c'est exactement la même musique ! »

Père Antoine

EFFETS INDÉSIRABLES

« Une jeune femme a confessé : *j'ai trop picolé, je me suis laissé tripoter, ce n'était pas moi, j'ai honte, je me sens salie !* »

Père Stéphane

FUMETTE ET COCAÏNE

« Confesser la fumette, même à 30-40 ans, c'est fréquent. Le confessé se justifie : *c'est une évasion du monde qui m'oppresse, j'en ai besoin pour exister.* Il y a dix ans, j'ai aussi vu apparaître la cocaïne. C'est lié au culte de la performance : *j'utilise des moyens illicites et destructeurs pour y arriver*. Pour s'en sortir, la confession ne suffit pas car elle ne supprime pas le besoin. La prière, c'est la même chose. Entre l'engagement – je désire profondément ne plus recommencer – et la réalité des actes, entre vouloir et pouvoir, il y a un fossé. J'oriente alors vers une aide extérieure. »

Père Christophe

GRATTAGE

« J'entends la confession pour addiction aux jeux de hasard, qui met en péril l'équilibre financier de la famille et la prive d'une partie du budget. »

Père Patrick

DROGUÉS DU BOULOT

« Des parents confessent qu'ils sont désengagés : *je vis dans ma bulle, je ne m'investis plus dans l'école de mes enfants...* Ils se disent déresponsabilisés. Leur vie a été saturée par une seule chose : l'addiction au boulot. »

Père Alexis

SMARTPHONE MON AMOUR !

« L'une des principales confessions, c'est l'addiction au téléphone portable. C'est une forme d'esclavage, de prison. Ce n'est pas un péché, c'est une souffrance. En confession, on entend beaucoup plus de souffrances que de péchés. On utilise alors le sacrement comme une force, une aide. »

Père Christian

✝

LA VÉRITÉ SORT TOUJOURS DE LA BOUCHE DES ENFANTS

Les mômes ne sont pas si innocents que ça ! Dans les confessionnaux, ils ont leur mot à dire et c'est parfois à mourir de rire. « Les enfants ont un sens très clair du bien et du mal. La naïveté enfantine est merveilleuse. On touche là le cœur humain avant l'artifice, la manipulation du langage, la stratégie de dissimulation », admire le père Patrick. « Un fils d'une dame du caté avait une excellente définition de la confession : *c'est quand tu as fait une grosse bêtise et que Dieu te tend les bras pour te faire un câlin* », raconte le père Pierre.

CACHOTTIER

« Je rassure systématiquement les enfants : *même si je connais bien tes parents, je ne vais rien leur répéter.* »

Père Arnaud

FARCEUR EN HERBE

« Un scout m'a confessé une drôle de bêtise durant un camp : *j'ai planqué un pince-oreille dans le sac de couchage de mon copain.* »

Père Marc

SALE GOSSE

« Une fille qui martyrisait son petit frère avait un air guilleret au moment de la confession. Je lui demande : *tu regrettes ?* Elle répond, avec beaucoup de charme et de sincérité : *non, non, pas du tout, ça m'amuse beaucoup !* »

Père Franck

ÉTRENNES

« Il m'est arrivé de donner 2 € à un enfant qui avait volé dans le porte-monnaie de ses parents pour qu'il leur rende la pièce. »

Père Alexandre

RANGE TA CHAMBRE !

« Les enfants sont parfois à côté de la plaque : *j'ai pas rangé ma chambre*. J'ai envie de les sermonner : *mais Dieu s'en fout !* »

Père Alexis

BONNE BLAGUE

« Un jour, j'ai entendu un petit des beaux quartiers dire : *j'ai contristé ma bonne*. Il avait foutu en colère sa gouvernante. »

Père Christian

MYTHO

« Quand j'étais gamin, j'allais interroger mes camarades pour trouver des idées alors que l'heure de la confession approchait et que je ne savais pas trop quoi dire. Les enfants sages étaient obligés de s'inventer des péchés. Aujourd'hui, dans ma paroisse, quand vient la préparation du sacrement de réconciliation, je rappelle toujours clairement aux mômes qu'ils ne sont pas obligés de se confesser. »

Père Franck

SANS FILTRE

« Les plus jeunes balancent tout avec moult détails. Ils racontent comment ils ont traficoté le carnet de liaison ou placé un verre d'eau en plastique sur la porte des toilettes destiné à rafraîchir celui qui l'ouvre. »

Père Bertrand

BOUC ÉMISSAIRE

« La non-solidarité avec le plus faible devenu bouc émissaire est fréquente. L'écolier ou le collégien regrette d'avoir eu peur de s'interposer pour venir en aide à un camarade harcelé car il craignait d'être rejeté par la bande. Il le reconnaît : *j'ai manqué de courage.* »

Père Thomas

CHAPARDEUR DE BONBECS

« Nous pensons que ce que font les enfants ne prête pas à conséquence mais nous avons tort. Piquer des bonbons à la boulangerie ou dans le sac d'un camarade, c'est déjà beaucoup eu égard à ses moyens à lui ! Le vol, il est qualifié. »

Père Jean-Luc

LA CITÉ DES SAINTS

« J'ai confessé des enfants de banlieue. J'avais l'impression d'entendre des saints. Ils avaient une conscience immédiate de tous leurs ratés et de ce que Jésus veut. »

Père Hubert

GLAVIOT

« Un gamin m'a dit : *j'ai craché dans le verre de mon frère.* »

Père Marc

BOXE FRATERNELLE

« Il y a une quinzaine d'années, dans le confessionnal de mon église, j'ouvre la petite fenêtre permettant d'entrer en contact avec le pénitent. Assis sur la tablette où l'on pose d'ordinaire les mains, il y avait un gosse de 10-11 ans. Il me dit : *je me suis battu avec mon frangin.* Moi, spontanément, pour dédramatiser : *qui a gagné la bagarre ?* Il a souri. »

Père Jean

DÉSIRS MACABRES

« Une fille de 10 ans a écrit sur un morceau de papier : *j'ai envie de tuer mon père et ma mère.* Je la prends au sérieux, je l'entends mais je ne suis pas du tout intrusif, je ne lui pose aucune question. Je lui ai donné l'absolution. »

Père Gérard

DIVORCE

« Les enfants de parents divorcés se sentent parfois coupables de la séparation. Ils constatent que lorsque leurs parents parlent d'eux, ils se mettent en colère et pensent alors que c'est à cause d'eux. Ils peuvent me dire : *je n'aime pas suffisamment papa et maman, et ils se fâchent à cause de moi.* »

Père Pierre

PANINI

« Un gosse de 10 ans a avoué *: j'ai piqué des vignettes Panini dans le cartable de mon copain.* L'enfant offre sa conscience. On doit tout recevoir. Après, on fait le tri. »

Père Denis

CACHEZ CE SEIN !

« Au cours de la confession au fond d'une église dans un confessionnal vitré, une maman tombe en pleurs. Elle est venue avec son bébé qui, voyant sa mère pleurer, se met à l'imiter. Alors pour le calmer, elle décide de l'allaiter. La situation était très gênante ! La confession est un sacrement individuel. Mais avec un bébé qui n'est pas en âge de comprendre ce que l'on dit, c'est possible. »

Père Victor

SANS RIRE

« Je ne souris jamais lors d'une confession avec un enfant. Il faut le prendre au sérieux. Avoir tiré les cheveux de sa petite sœur, ça peut l'affecter. La question qu'il pose souvent, c'est : *est-ce que mes parents vont continuer à m'aimer ?* »

Père Hervé

TOUTE PREMIÈRE FOIS

« J'ai reçu des enfants qui allaient faire leur première communion et se confessaient donc pour la première fois. C'est un petit événement qui allait rester gravé dans leur mémoire. Alors mon approche, c'était de ne pas parler de péché. Je préférais être le plus positif possible, sans mettre aucune pression, sans jouer sur le levier de la culpabilité. Je demandais par exemple : *alors quel métier veux-tu faire plus tard ?* »

Père Daniel

✝

UN MOT POUR UN AUTRE

« Dans les actes de contrition, les enfants s'emmêlent parfois les pinceaux : *je prends la ferme résolution, avec le secours de votre sainte grâce* devient *Je prends la ferme révolution avec le Secours catholique.* »

Père Stanislas

DÉLIT DE SALE GUEULE

« Le délit de sale gueule a toute sa place dans les péchés des enfants : *je me suis moqué d'une fille. Mais vous savez mon père, c'est vrai qu'elle est moche* ! »

Père Olivier

DOUDOU MARTYR

« Chez les plus petits, j'ai entendu : *j'ai tiré les oreilles à mon doudou ; J'ai dit prout et c'est un gros mot*... Il ne faut jamais mépriser un péché. »

Père Stéphane

EN QUÊTE DE PARDON

« Un enfant de chœur a confessé avoir volé une partie de l'argent de la quête. Les parents s'en étaient aperçus et m'en avaient parlé avant. La réparation, c'était de rendre l'argent. Ce sont les parents qui s'y sont collés. »

Père Laurent

MATURE

« J'étais au presbytère, alors tout jeune prêtre. Le téléphone sonne. La personne de l'accueil me demande : *est-ce que vous seriez-là dans une demi-heure pour une confession ?* Je réponds positivement. Trente minutes plus tard, j'ouvre la porte. En face, c'était un gamin d'une douzaine d'années ! »

Père Pierre

VADE RETRO LES ÉCRANS !

« Avant, c'était la faute du bouquin. Maintenant, ce sont les écrans : *maman m'a demandé de mettre le couvert et j'ai préféré jouer à la console.* »

Père Stéphane

TRICHE AU MONOPOLY

« Souvent, je me marre intérieurement. Par exemple quand un gamin confesse avoir triché au Monopoly en piquant incognito un billet dans la banque. »

Père Olivier

POMPETTE

« Un pénitent septuagénaire puisait dans sa mémoire pour trouver enfin un péché : *ah oui, quand j'étais enfant de chœur, j'ai bu le vin de messe.* »

Père Roger

EN BOÎTE

« Le confessionnal, la génération qui a 70 ans aujourd'hui en a fait des cauchemars. Mais chez les jeunes, pas du tout. Les enfants me demandent : *Père, est-ce qu'on peut aller dans la boîte ?* »

Père Stanislas

VOCATION PRÉCOCE

« J'ai voulu être prêtre dès mon enfance après mes premières confessions. Vers 7-8 ans, le curé avait un regard et une bonté qui se sont manifestés dans le confessionnal. J'ai compris que Dieu était infiniment délicat avec nous. La confession est une manière d'atteindre le fond de l'âme auquel même nos parents n'ont pas accès. »

Père Roger

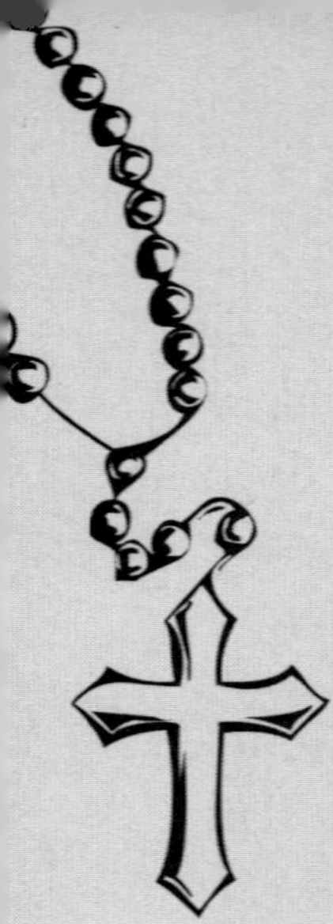

LES QUESTIONS QUE L'ON SE POSE : **LE B.A.-BA DE LA CONFESSION**

À PARTIR DE QUEL ÂGE UN ENFANT PEUT-IL SE CONFESSER ?

Pour qu'il y ait péché, il faut en avoir conscience. Avant l'âge de raison, les diablotins n'ont pas conscience du mal qu'ils commettent. Le Catéchisme de l'Église catholique fixe à « l'âge de discrétion », celui où l'on est capable de discerner, de juger, le devoir de se confesser au moins une fois par an. Il se situe aux alentours de 7 ans, lorsque l'enfant sait « faire la différence entre le pain commun et le pain eucharistique, vrai Corps du Christ ». « Cela peut être soit au-dessus soit même au-dessous », a précisé, en 1910, le pape Pie X dans le décret « *Quam Singulari* » sur la communion des petits. En fait, tout dépend de l'éducation catholique distillée par les parents.

Ce qui est sûr, c'est que la question de la confession devient incontournable à l'occasion de la préparation à la première communion, généralement en CE2, quand le baptisé a 8 ans. C'est, en effet, une condition pour pouvoir prétendre à l'hostie à se mettre sous la dent. « Les enfants doivent accéder au sacrement de la pénitence avant de recevoir pour la première fois la Sainte Communion », stipule l'ouvrage de référence des catholiques du monde entier. « C'est souvent mignon une confession avant la première communion. Les enfants arrivent tendus, renfermés mais ils sont rayonnants quand ils en ressortent », brosse le père Alexandre. À chacun sa méthode pour cracher la Valda. Par exemple à l'ancienne comme papy et mamy avec une liste de péchés à égrener immortalisés sur une feuille volante. « C'est très présent chez les tradis », précise le père Victor. « On sent aussi parfois que les péchés ont été dictés par papa et maman », rapporte le père Vincent. Souvent, les apprentis confessés confondent maladresse, bêtise, sottise, faute et... péché. Crever un ballon ou casser une assiette n'est généralement pas un péché. Tout comme décrocher un zéro en maths si on a bûché la veille de l'interro. Un péché est toujours intentionnel : c'est faire volontairement du tort aux autres ou à soi-même.

ADOS REBELLES

La crise d'adolescence des jeunes ayant la foi a un impact sur leurs habitudes de confession. Quand, enfants, ils racontaient sans détour à l'aumônier leurs guéguerres avec les frangins et frangines, leurs carabistouilles pour « gratter » un bonbon ou leurs élans de désobéissance, nombreux sont ceux qui, en grandissant, se mettent à traîner les pieds dès que papa et maman les enjoignent d'aller se repentir. Une corvée à l'heure des fulgurantes poussées d'acné. Il faut dire que les sujets sont désormais plus sensibles, plus gênants à exposer : sexe, drogue et cyberharcèlement. Un triptyque à l'opposé des cantiques.

PLAISIR SOLITAIRE

« Pour les oreilles des prêtres confesseurs, le péché des ados au sommet de la hiérarchie, c'est la masturbation. J'ai des confrères qui écoutent des jeunes de 17 ans lors des rassemblements scouts et qui, à la fin, demandent à ceux qui n'ont pas évoqué le plaisir solitaire : *c'est tout, t'as fini, t'es sûr ?* »

Père Marc

CE N'EST PAS SALE !

« Quand je confesse les jeunes qui évoquent la masturbation, ils ont du mal à entendre que ce n'est pas un péché. Quand je le leur dis, ça les choque. Il faut relativiser. C'est souvent une réaction physiologique. Après, on peut essayer de comprendre ensemble ce qu'il y a derrière cet acte. Est-ce une attitude d'isolement, de repli ? On n'est plus du tout dans la relation avec l'autre quand on passe sa journée seul, dans sa chambre, les yeux rivés sur des sites pornos. Il est là, le péché... »

Père Vincent

RÉSEAUX SOCIAUX

« Les péchés liés aux réseaux sociaux ont fait leur apparition à travers le cyberharcèlement. Certains s'accusent d'avoir posté une photo compromettante de l'un de leurs camarades, d'autres de l'avoir *likée*. »

Père Roger

BASTON, TRAFIC ET VOL

« J'ai confessé un Vendredi saint un môme de 15 ans issu des cités. Il faisait partie d'une bande violente, il voulait en sortir mais ce n'était pas facile. Son quotidien, c'était baston, trafic et vol. »

Père Gérard

CLOPE

« Lors d'une retraite dans un sanctuaire, j'ai confessé des jeunes déjà addicts à la clope. C'est un péché : au lieu de se tourner vers Dieu, ils se tournent vers la nicotine, ils ne sont pas dans une relation de liberté avec les autres. »

Père Pierre

PREMIERS ÉMOIS

« À l'adolescence, les trucs d'ordre sexuel prennent le dessus. Parce que devant l'écran d'ordinateur, ils ne matent pas des recettes de cuisine ! Mais ils sont peu nombreux à vouloir parler de pornographie sur internet. Ils disent plutôt qu'ils se sont brouillés avec leur petite amie ou leur meilleure copine, qu'ils ne pensent qu'à eux. C'est souvent l'arbre qui cache la forêt. Ils ne regardent pas dans tous les recoins de leur conscience. »

Père Benoît

GRAVELEUX

« L'étudiant va parfois spontanément confesser des blagues graveleuses quand l'adulte, lui, est déjà un peu policé, tout en retenue. »

Père Arnaud

TOUS LES COUPS SONT PERMIS

« Des étudiants dans des grandes écoles m'ont confessé avoir mis des bâtons dans les roues de leurs camarades qui étaient meilleurs qu'eux. Ils donnaient des mauvaises réponses ou tronquaient l'énonciation d'un sujet pour tenter de passer devant. »

Père Didier

PETIT CHEF

« Chez les scouts, j'en ai entendu qui regrettaient d'avoir joué au chefaillon et eu la flemme de faire la vaisselle. »

Père Arnaud

CASSEUR PYROMANE

« Durant les émeutes de 2005 en banlieue, j'ai confessé un jeune casseur avec des remords. Il m'a avoué simplement : *j'ai brûlé une bagnole*. Il avait conscience que c'était un péché, c'est déjà ça ! »

Père Marc

ANTIDOULEUR

« Un ado de 14 ans m'a dit : *je hais ma mère, elle ne pense qu'à son nouveau mec*. Il se sentait profondément blessé. Je ne pouvais pas faire beaucoup plus que de tenter d'apaiser sa douleur. Impossible pour moi d'en discuter avec sa mère, j'aurais trahi le secret de la confession. »

Père Alexis

TATOUAGES MALÉFIQUES

« J'ai déjà entendu des jeunes qui regrettaient leur tatouage. Ils n'avaient pas vu le danger à dessiner sur leur peau une croix renversée, le chiffre du diable 666 ou une tête de mort. »

Père Grégoire

RENDRE LES ARMES

« J'ai rencontré un jeune de 20 ans qui vivait dans une roulotte avec sa mère dans des conditions sociales et humaines terribles. Il dissimulait un pistolet dans sa caravane et voulait la tuer. J'ai senti chez lui une vraie envie de passage à l'acte. Il était venu me demander pardon d'avoir pensé à ce scénario macabre. En guise de réparation, j'ai exigé qu'il me ramène son arme et j'ai prévenu mon évêque qu'on allait me la remettre. Les paroles ont été suivies d'un acte car il me l'a bien rapportée dans un sac et je l'ai remise à la police sans dire à qui elle appartenait pour préserver le secret de la confession. »

Père Daniel

BUSINESS IS BUSINESS

« J'ai confessé un petit dealer de cité. Il avouait, sans trop culpabiliser ni entrer dans les détails : *mon péché, c'est de faire du* business *!* »

Père Marc

DÉCONNEXION

« Le rapport sans limite aux écrans est au cœur des confessions des ados. Ils confessent avoir joué à un jeu vidéo interdit aux moins de 16 ans, planqué la tablette sous l'oreiller pour s'amuser toute la nuit pendant que les parents pionçaient ou regardé des vidéos pornos, voyant dans la sexualité un banal produit de consommation. Ça perturbe leur sommeil, les rend irritables. Je leur propose, en guise de réparation, de ne pas avoir recours dans leur chambre aux écrans après le dîner. Leurs parents ont souvent baissé les bras par rapport à ça. »

Père Bertrand

LE DILEMME DES PARABOLES

« Les ados, traversés dans leurs corps qui changent par des désirs-pressions, veulent des réponses immédiates à leurs tourments. Ils refusent les détours. Or l'Évangile, ce sont justement les détours via les paraboles. »

Père Éric

APPARENCES

« Le culte des marques chez les ados suscite des péchés de convoitise : *je suis jaloux de l'autre parce qu'il a les baskets que je rêve d'avoir.* »

Père Laurent

LES FAITS, RIEN QUE LES FAITS

« Le travers des catholiques, c'est de décliner des concepts : *je suis jaloux, coléreux, gourmand...* Mais dans le confessionnal, il faut être factuel, peu bavard et expliquer pourquoi c'est mauvais. J'ai vécu l'une de mes meilleures confessions avec un jeune de 18 ans, de la branche aînée des scouts d'Europe. Il faisait froid, il était en short. Le gars s'est mis à genoux sur les dalles glacées de l'église et m'a dit : *Je suis capable de mieux, mon idéal est plus haut*. C'était parfait. »

Père Benoît

PRIME À LA SYMPATHIE

« À l'approche de la confirmation, durant un temps dédié aux confessions en présence de plusieurs curés, un adolescent s'approche de moi : *mes copains m'ont dit que vous étiez sympa alors je viens vous voir, je n'ai pas tout dit à l'autre prêtre.* »

Père Vincent

✝

RÉVOLTÉS

« Chez les jeunes, je perçois beaucoup de colère par rapport au monde qui les entoure et à l'hypocrisie des adultes. Il y a chez eux un désespoir mais aussi des velléités de rébellion avec l'envie d'un autre avenir. »

Père Bertrand

INCOMPRISE

« Une ado m'appelle au téléphone : *je me suis confessée en vacances lors d'un camp mais ça n'a pas fait pareil qu'avec vous. Là-bas, je n'ai rien ressenti, je crois que le prêtre ne m'a pas comprise.* »

Père Pierre

INDÉLÉBILE

« Des péchés cachés resurgissent parfois en grandissant. Un ado de 16 ans se souvenait d'avoir chipé un stylo-bille en classe quand il avait 7 ans : *je n'ai jamais avoué que c'était moi et 9 ans après, j'ai encore de la peine.* »

Père Olivier

PLUTÔT DEUX FOIS QU'UNE

« Lors d'un pèlerinage de jeunes à Lourdes, nous sommes plusieurs prêtres à confesser dans une grande pièce. Un ado qui vient d'obtenir le pardon auprès d'un prêtre en soutane sous son aube se dirige vers moi. Je lui demande : *mais, tu viens déjà de te confesser, non ?* Il rétorque : *oui, je voulais voir comment c'était avec un tradi, mais là, ça va être différent.* »

Père Pierre

L'AMNÉSIE DU COL ROMAIN

Dès l'instant où ils annoncent au pénitent la formule miraculeuse *Au nom du Père et du Fils et du Saint-Esprit, je vous pardonne tous vos péchés,* ils sont victimes d'amnésie… volontaire ! Les confesseurs, qui n'ont pas encore l'âge d'avoir Alzheimer, effacent délibérément de leur mémoire tous les sombres récits qu'on leur a racontés, histoire de ne pas broyer du noir.

PAS D'ÉTIQUETTE

« Je ne me dis pas à la messe le dimanche : *tiens, lui, c'est le masturbateur qui s'est confessé avant-hier.* »

Père Thomas

RESET

« Dieu merci, j'oublie ! Il vaut mieux quand on recroise les pénitents le lendemain. Je ne porte pas les péchés, je ne me prends pas pour Dieu. »

Père Jean

MÉMOIRE COURTE

« Je n'arrive déjà pas à retenir les prénoms de mes paroissiens, donc je ne vais pas retenir leurs tromperies ou leurs mensonges. »

Père Francis

ÉCLAIR

« Ça entre par une oreille et ça ressort par l'autre. »

Père Cédric

MERCI SEIGNEUR !

« J'ai écouté toute la misère du monde. Mais je ne garde pas de souvenirs précis. C'est une mémoire qui n'est pas entretenue, il y a une distance. C'est comme lors d'un rendez-vous avec un médecin. Si je le revois et que je lui dis : *vous m'avez opéré un jour de juillet de l'appendicite,* il ne s'en souviendra pas. Heureusement que ce n'est pas nous, les prêtres, qui portons les péchés mais le Seigneur. Parce que sinon, on se jetterait tous dans la Seine. »

Père Stanislas

RÉMINISCENCES

« Je ne fais pas acte de mémoire mais je ne m'interdis rien. J'ai parfois des réminiscences. »

Père Éric

MOCHETÉS

« L'une des grandes grâces de la réconciliation est de laisser peu de souvenirs. Heureusement, car il y a pas mal de mochetés. Si on se souvenait de tout, on deviendrait très vite pessimiste. »

Père Thomas

HYPERMNÉSIQUE

« Mon problème à moi, c'est que je suis hypermnésique, j'ai une mémoire exceptionnelle. Alors je dois faire un gros travail d'oubli. Le souvenir de souffrances me fait pleurer. Ce qui est loin d'être le cas de tous mes clients. C'est affligeant de voir la légèreté avec laquelle ils annoncent parfois leurs péchés. »

Père Emmanuel

L'AVORTEMENT, PÉCHÉ LE PLUS DOULOUREUX

Pour le pape François, « l'avortement n'est pas un mal mineur, c'est un crime ». Mais un crime tout à fait pardonnable. « Si une femme s'est fait avorter, que cela lui pèse énormément et qu'elle est sincèrement repentante, bien que l'avortement reste un péché, son acte doit être pardonné », ordonne-t-il. Dans le cadre du Jubilé de la miséricorde qui s'est tenu entre décembre 2015 et novembre 2016, il a étendu à tous les prêtres de la planète la faculté d'absoudre l'avortement. Non pour « minimiser la gravité de ce péché » mais pour « élargir la possibilité de la miséricorde ». Dans certains pays, ce droit était encore exclusivement réservé au personnel mitré. En France, cela n'a rien changé puisque les évêques diocésains déléguaient déjà à leurs prêtres cette capacité de pardonner l'avortement.

Pour autant, celui-ci est toujours considéré par l'Église comme la suppression d'une « vie innocente » entraînant l'excommunication automatique de ceux qui le pratiquent ou y ont recours.

LA PRIÈRE EN PÉNITENCE

« J'invite la pénitente ayant avorté à prier pour cet ange au ciel, à lui donner un prénom, à l'humaniser, à redonner une relation de mère-enfant. Elle ne doit pas traîner le souvenir d'un cadavre. »

Père Arnaud

CULPABILITÉ ÉTERNELLE

« L'avortement est une blessure très profonde qu'on ne peut pas guérir mais seulement apaiser. Dix ans, vingt ans après, ces femmes traînent leur passé comme un boulet. Elles ont déjà confessé leur péché mais reviennent pour la même chose. Elles nourrissent une culpabilité qui n'a jamais été amoindrie par le pardon. »

Père Alexis

SINCÈRE

« Une femme, qui savait que son bébé était trisomique, m'a dit : *je pense que je vais me faire avorter, je n'aurai pas la force d'élever cet enfant.* »

Père Hubert

INSUPPORTABLE

« En deux heures de confessions à Lourdes, j'ai eu 7 avortements. Des femmes de 27 à 75 ans. Quel que soit l'âge, la souffrance est toujours la même. L'avortement est le péché le plus insupportable à reconnaître. »

Père Emmanuel

ALLER DE L'AVANT

« Les femmes ayant avorté pleurent toujours et expriment systématiquement le besoin de rementionner le péché à chaque confession. Mais quand on est pardonné, on est pardonné ! »

Père Stéphane

ET LES HOMMES ?

« Je n'ai jamais rencontré de mecs confesser : *j'ai demandé à ma femme d'avorter !* »

Père Hubert

CONFESSEUR, QUEL LABEUR !

Écouter les mesquineries d'autrui s'apparente à un marathon, parfois même un chemin de croix pour les prêtres qui n'hésitent pas à boire le calice jusqu'à la lie quoi qu'il leur en coûte. Et sans jamais se plaindre, ou si peu...

PLEIN LE DOS

« J'ai un côté éponge, alors il y a des confessions qui m'empêchent de dormir, qui me font mal aux vertèbres. À la fin d'une session, j'en ai plein le dos, avec cette impression d'être autant blessé que le pénitent. Heureusement, la prière de psaumes permet d'évacuer tout ça ! »

Père Hubert

HEURES SUP

« C'est pour moi l'un des actes fondamentaux de ma vie de prêtre. Quand on me demande une confession en dehors des temps d'accueil, je suis prêt à faire des heures sup. »

Père Emmanuel

RECUL OBLIGATOIRE

« Il faut bien qu'on prenne de la distance sinon on se tire une balle dans la tête. »

Père Pierre

DOUTES

« Je suis hyper-démuni, je ne sais jamais au départ ce que porte la personne. Je ne suis pas sûr d'avoir les moyens de l'accompagner quand elle m'ouvre son âme qui est un sanctuaire. »

Père Victor

DIEU ME LE RENDRA !

« C'est crevant de confesser mais je me dis que le Bon Dieu compensera ma fatigue. »

Père Jean-Luc

LOURD

« Je sors épuisé quand le pénitent n'arrive pas à cracher le morceau. Je ne peux pas partager ce que j'ai entendu. Je dois tout garder pour moi, un peu comme Jésus qui porte seul les péchés du monde. »

Père Francis

CONFESSION SÉDUCTION

« Quand j'étais jeune prêtre, j'ai le souvenir d'avoir été dragué trois-quatre fois par des femmes mais aussi des hommes lors de confessions. Ces pénitents étaient dans la séduction et ont fait quelques allusions. C'est la nature humaine ! Mais je ne suis pas rentré dans leur jeu, j'ai immédiatement pris un peu de distance. »

Père Michel

CRASSE

« De même qu'un vrai bon psychanalyste ne doit pas avoir un fol appétit à écouter ses patients, je n'ai aucune gourmandise à la confession, c'est psychiquement et spirituellement éprouvant. C'est quand même une confrontation à l'humanité dans ce qu'il y a de plus crasse, avec des gens qui vont droit dans le mur, qui n'entendent pas que Dieu les aime, qui, bloqués, n'arrivent pas à verbaliser ce pour quoi ils sont venus. »

Père Benoît

COMPASSION

« La confession est une attention de tous les instants. Il faut qu'il y ait compassion, que le pénitent sente qu'on partage sa douleur. J'accepte de prendre sur moi ses souffrances. Je prie avant et après chaque confession. »

Père Arnaud

À GENOUX

« J'ai confessé une personne dans un fauteuil roulant. Évidemment, elle ne pouvait pas se mettre à genoux, même si cela n'a rien d'obligatoire. Alors je me suis mis, moi, à genoux devant elle pour entendre ses péchés. J'avais l'impression d'être le Christ lavant les pieds de ses disciples. »

Père Hubert

GUICHET FERMÉ

« C'est éreintant d'écouter profondément. Quand je n'en peux plus, je ferme le guichet, je dis gentiment au pénitent qui attend : *désolé, je suis épuisé, revenez plus tard.* »

Père Alexis

ÉTIREMENTS

« Dans le confessionnal, on change de position à chaque pénitent, ça soulage les reins ! »

Père Emmanuel

CHARABIA

« Il faut que le péché soit clairement énoncé. Or, parfois, j'ai des doutes, c'est très confus, je suis moi-même perdu quand j'écoute un pénitent : *est-ce qu'il parle de son péché ou de celui d'un autre ?* Il m'est arrivé de donner l'absolution alors que je n'avais rien saisi. Mais ce n'est pas grave, le Seigneur, lui, a compris ! »

Père Franck

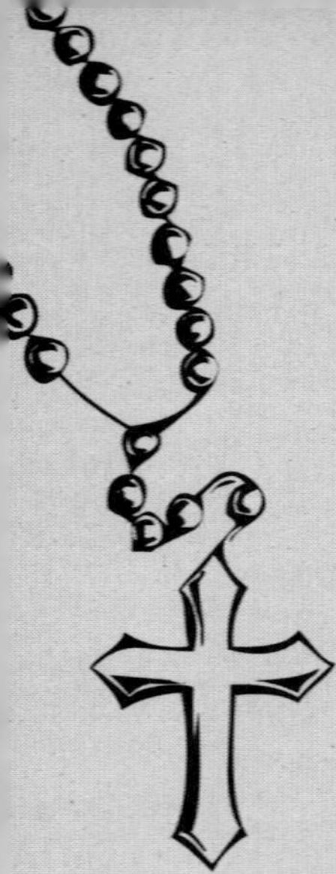

LES QUESTIONS QUE L'ON SE POSE : **LE B.A.-BA DE LA CONFESSION**

FAUT-IL S'AGENOUILLER LORS DE LA CONFESSION ?

Ce n'est pas une obligation mais c'est recommandé par certains prêtres, en particulier lors de l'acte de contrition. « C'est une façon de faire preuve d'humilité », dépeint le père Paul. Certains pénitents le demandent d'ailleurs expressément. « C'est très *vintage* », sourit le père Jacques. Pas facile de prendre ses marques quand on est un néophyte de la confession. Alors comment ça marche, comme dirait Michel Chevalet ? En pratique, le pénitent, à l'issue d'un examen de conscience et d'une petite prière personnelle, rejoint le prêtre dans le confessionnal et se présente. « Bénissez-moi mon père parce que j'ai péché », a coutume de dire le fidèle au rendez-vous. Il est alors béni et enchaîne par un signe de croix. Puis il rappelle à son interlocuteur depuis quand il ne s'est pas plié à l'exercice. Dans un dialogue constructif avec le curé qui aide au discernement, il passe ensuite aux aveux, « demande pardon au Seigneur pour... » Le confesseur suggère alors une pénitence et invite le confessé à réciter l'acte de contrition, aidé par une antisèche fournie par la maison. Il existe plusieurs versions pour exprimer ses regrets : « Mon Dieu, j'ai péché contre toi et mes frères, mais près de toi se trouve le pardon. Accueille mon repentir et donne-moi la force de vivre selon ton amour. » Ou encore « Mon Dieu, j'ai un très grand regret de vous avoir offensé, parce que vous êtes infiniment bon et que le péché vous déplaît. Je prends la ferme résolution, avec le secours de votre grâce, de ne plus vous offenser et de faire pénitence. » Le prêtre peut exiger une réparation, par exemple rétablir la réputation du collègue qui a été salie ou rendre à son propriétaire un objet volé. Vient le moment tant attendu de l'absolution. « Au Nom du Père et du Fils et du Saint-Esprit, je vous pardonne tous vos péchés », s'engage-t-il.

UNE CONFESSION PEUT-ELLE DURER UNE ÉTERNITÉ ?

Une confession « normale » prend « environ 5 à 10 minutes » selon la paroisse parisienne Saint-Louis d'Antin spécialisée dans cette pratique en mode express en raison des embouteillages. « Pour permettre au plus grand nombre de personnes de pouvoir se confesser, être clair, succinct, sans s'épancher : le spirituel n'est pas le psychologique ! », prévient son site internet. Les confessionnaux là-bas, victimes de leur succès, sont souvent pris d'assaut. « Bien respecter l'ordre de la file d'attente », rappelle la maison, citant une fable de Jean de la Fontaine : « Patience fait plus que force ni que rage ». La paroisse a un argument imparable pour que les pénitents trop pressés calment leurs nerfs : « L'attente est le temps que Dieu vous donne pour préparer votre confession. »

Dans la chapelle de la Réconciliation du sanctuaire de Lourdes, autre fief du pardon, la durée d'une confession est estimée à « 10-15 minutes » pour « 20-30 minutes d'attente ». Pas de quoi rebuter les pèlerins sur les traces de Bernadette Soubirous. C'est ici, en effet, que la jeune bergère, lors de sa 8e apparition le 24 février 1859, a entendu la requête de la Vierge Marie : « Allez baiser la terre en pénitence pour les pécheurs. » « La rencontre est beaucoup moins intense dans les sanctuaires, quand c'est à la chaîne. Les gens en ressortent souvent déçus », prévient le père David. Tous ces temps de confession sont donnés à titre indicatif. Vous ne verrez, en principe, jamais un confesseur avec un chronomètre en mains. « On ne peut pas dire : *client suivant s'il vous plaît !* », rassure le père Hubert.

Dans les paroisses rurales qui ne croulent pas sous la demande, les prêtres ne poussent jamais les candidats au repentir vers la sortie. « Je n'aime guère les confessions à la queue leu leu. Je préfère quand on peut prendre son temps. Avec moi, ça dure parfois une bonne heure », convie le père Alexandre. « Les gens veulent une vraie rencontre, pas une séance de deux minutes ! Ils sont dans une démarche de profondeur », constate le père Alexis. Il faut, en effet, de longues minutes pour créer un climat propice aux aveux. « Le pénitent commencera par quelques péchés secondaires pour tester le prêtre puis, au fur et à mesure que la confiance s'installe, il va lâcher le morceau et déposer ses chaînes », décrit le père Pierre. À chacun son rythme. « Il y a ceux qui racontent un peu leur vie et d'autres qui se confessent de manière très mécanique. Il m'est d'ailleurs arrivé de me sentir glacé par des péchés graves confessés sans émotions ni amour », refroidit le père Victor.

La confession joue les prolongations quand l'aveu des péchés se transforme en inventaire à la Prévert. « Des fidèles débarquent avec leur propre liste sur un bout de papier pour être sûrs de ne rien oublier. Quand ils n'arrivent pas à se relire, ça dure des plombes. Les enfants, eux, vont parfois tendre la feuille directement au curé parce qu'ils ont honte de raconter leurs péchés à haute voix. Et là, ça va plus vite ! », raconte le père Jean-Luc. Le père Antoine, lui, « ne regarde jamais » sa montre car « ce n'est pas poli... » « Quand, en face, une personne fait le bilan de sa vie, il ne faut surtout pas être pressé », sourit-il.

EXISTE-T-IL DES USINES À CONFESSIONS ?

L'Église nous pardonnera cette appellation un brin offensante mais oui, il existe ici ou là un service continu de confesseurs où l'on absout à la chaîne. C'est le cas en l'église Saint-Louis d'Antin à Paris qui, hors épidémie de Covid-19, dispose de sept confessionnaux tournant à plein régime. À l'intérieur du box, le prêtre ouvre la porte au pénitent. À sa table, sur une feuille, l'acte de contrition à lire : « Mon Dieu, j'ai péché contre toi et mes frères... » Le fidèle en quête de pardon peut s'asseoir sur un fauteuil en cuir pour dévoiler en face-à-face ses fautes. Ou privilégier la confession en côte à côte, en s'agenouillant sur un prie-Dieu au tissu rouge. Dans ce cas, l'ecclésiastique a la possibilité de tirer un volet grillagé en bois afin de conserver un certain anonymat. Ici, dans le quartier des grands magasins de la capitale et de la surconsommation, on pratique le sacrement de réconciliation 7 jours sur 7, généralement de 8 heures à 19 h 45 avec nocturne le dimanche jusqu'à 21 h 30. Quotidiennement, on réalise quelque 250 confessions en moyenne. Mais avant Noël ou Pâques, on en recense jusqu'à 800. À la basilique du Sacré-Cœur, du côté de Montmartre, on confesse également sans relâche. Certains lieux de culte ont prévu des horaires encore plus tardifs durant le Carême, avec la bénédiction du pape François : en 2014, l'ex-archevêque de Buenos Aires a, en effet, lancé l'opération inédite et annuelle « 24 heures pour le Seigneur » durant laquelle les portes des sanctuaires et églises de la planète restent ouvertes, jour et nuit, pour permettre à tous ceux qui le désirent de repartir du bon pied. Lors de ces marathons de la confession, on peut généralement avouer ses fautes jusqu'à minuit et à certains endroits, même à l'heure des sorties des discothèques et de la ferveur du samedi soir !

CONFESSIONS SANS PÉCHÉS

Ils viennent se confesser mais n'ont rien à avouer, parfois en toute bonne foi. Pas la moindre faute ou le moindre repentir dans la musette de ces enfants de chœur autoproclamés. Un blanc quand il faut évoquer le noir qu'ils ont pu commettre. Bon, quand ils cherchent bien, ils finissent par trouver des broutilles mais qui ne sont pas des péchés caractérisés. Le Seigneur, lui, n'y croit pas une seule seconde. « Si nous disons : *nous n'avons pas péché*, nous nous abusons et la vérité n'est pas en nous », alerte l'Évangile selon saint Jean. À l'inverse, des zélateurs s'accusent de médiocrités qui, au final, n'en sont pas. Enfin, il y a celles et ceux qui viennent exposer leurs souffrances, voyant dans la confession un cocon pour lancer un SOS et dans le prêtre un sauveur.

MÉDITER SUR L'HUMILITÉ

« Des croyants confessent les péchés d'autrui. Ils disent : *mon voisin met la musique à fond, ma voisine ne m'a pas dit bonjour…* Quand je demande : *mais vous, vos péchés ?* Ils répliquent : *moi, ça va !* Ils n'ont aucune culpabilité. Alors je conclus *: je ne vais pas vous donner l'absolution car vous n'avez pas péché mais vous pouvez méditer sur l'humilité*. J'ai repris cette formule d'un confrère. »

Père Pierre

✝

C'EST PAS MOI, C'EST EUX

« Des personnes qui se disent très pieuses préfèrent avouer les fautes des autres en confession. Elles vont dénigrer leurs enfants qui vivent en concubinage et ont une sexualité hors mariage et balancer que ce sont des mauvais catholiques. »

Père Marc

DÉCONFITURE

« Certains fidèles ont perdu le sens du péché. Le Christ n'est pas mort parce qu'on a mangé trop de confiture. »

Père Jean

VISITE DE CONTRÔLE

« On a parfois l'impression d'avoir en face de soi un être venu faire sa révision des 10 000 kilomètres et qui dit en tout et pour tout *: je n'ai pas donné d'argent à un SDF.* Si on n'entend que ça, c'est blasant. »

Père Arnaud

✝

FUSÉE DE DÉTRESSE

« Je vois des catholiques qui exposent leurs douleurs, quelqu'un qui me dit, par exemple, que sa femme se refuse à lui depuis des années. Il en souffre beaucoup et se confesse pour demander de l'aide. Il ne se sent pas coupable. »

Père Alexandre

POSSÉDÉE

« Je rencontre en confession beaucoup de gens qui ont des pathologies psychiatriques et tiennent des propos incohérents. Un jour, une femme s'est mise en transe, hurlant qu'elle était possédée, jusqu'à se rouler par terre. J'ai dû appeler les secours. »

Père Marc

NI FREUD NI LACAN

« Lors de ma première année de sacerdoce, une dame est entrée dans le confessionnal et m'a dit d'emblée : *j'ai envie de me suicider*. La confession, c'était pour elle une manière d'exprimer à voix haute sa souffrance et de la partager. Je ne suis ni Freud ni Lacan mais un simple canal. Dieu a fait le travail. Elle ne s'est pas suicidée. »

Père Antoine

AFFAIRE SÉRIEUSE

« Le pardon est une chose compliquée, c'est un dossier extrêmement lourd, ce n'est pas une pratique ecclésiale légère. Il n'y a pas de place pour les enfantillages. »

Père Gérard

SANS-PAPIERS

« Une mamie m'a dit : *je viens me régulariser mais je n'ai rien à avouer*. Je lui ai répondu : *bon ben, on va juste réciter ensemble un Notre Père*. »

Père Marc

CAPRICES

« J'ai droit à des caprices : *mon père, je m'accuse de ne pas m'être confessé depuis une semaine*. Quelle pauvreté de la réflexion ! C'est l'expression d'une Église qui n'a pas su éveiller l'intelligence des hommes et des femmes face à l'épreuve de la vie. »

Père Daniel

DES ACTES !

« Les gens ont tendance à décrire leur caractère mais pas leurs actes. Quand on dit : *je suis paresseux*, ce n'est pas un péché. Le péché, c'est : *je ne me suis pas réveillé pour aller à la messe et j'ai préféré faire la grasse matinée.* »

Père Jean-Luc

CULPABILITÉ

« J'ai reçu en confession des victimes d'abus sexuels qui racontent leurs souffrances et qui, parfois, culpabilisent, se posent des questions : *pourquoi l'abuseur s'est-il intéressé à moi ? Est-ce que je ne l'ai pas entraîné à chuter avec moi ?* »

Père Jacques

✝

LUMIÈRE

« J'ai entendu *: je ne suis pas allé à l'office car j'avais 40 de fièvre*. Il n'y a là aucun péché. C'est une culpabilité qui n'a pas sa raison d'être. J'essaie alors d'éclairer les consciences. »

Père Denis

BLESSURES

« Dans le confessionnal, dernier espace clos où l'on peut vider son sac gratuitement, il n'y a pas que des péchés, il y a aussi beaucoup de souffrances. Les fidèles viennent raconter leurs blessures. Je pense à ce mari dont la femme est tétraplégique depuis quinze ans et qui m'a dit : *je m'occupe d'elle tous les jours mais là, j'étais fatigué, j'ai manqué de patience*. Il voulait être encore plus délicat. J'entends aussi beaucoup de blessures par rapport aux parents. Si vous n'avez pas été aimé de votre père et de votre mère, c'est normal qu'il y ait de la rancœur. »

Père Francis

ORGUEIL

« À Lourdes, j'ai rencontré une dame qui m'a dit : *je viens me confesser toutes les semaines, mais aujourd'hui, je n'ai rien à vous dire, je n'ai rien commis de mal, j'attends quand même votre absolution*. J'ai refusé, pour moi, c'est de l'orgueil. Elle est partie très fâchée puis est allée tenter sa chance avec le prêtre d'en face. »

Père Cédric

IRONIQUE

« Il y a des gens qui n'arrivent pas à passer aux aveux. Alors je leur lance de manière un peu ironique : *si vous n'avez rien à vous reprocher, que vous êtes un bon chrétien, il n'y a pas de raison de vous confesser*. »

Père David

AINSI SOIT-IL

« À partir du moment où une personne a pris l'initiative de se confesser, j'estime que le péché est acquis. Je ne la contredis pas, sinon elle aurait le sentiment de ne pas avoir été pardonnée. »

Père Stanislas

TOURMENTS

« Dans la confession, les fidèles viennent souvent déposer des tourments. Des situations familiales impossibles, des embrouilles au boulot, des frictions avec les enfants, la peur de vieillir chez les aînés... Je leur répète alors : *ne vous inquiétez pas, le Seigneur vous aime !* »

Père Stéphane

PENSER N'EST PAS PÉCHER

« Certains s'accusent de fantasmes sexuels qui leur sont passés par la tête. Mais non, une pensée, ce n'est pas un péché ! »

Père Vincent

RÉCONFORT

« Beaucoup de personnes utilisent la confession comme un moyen de discernement spirituel. Dès qu'ils ont un problème dans leur vie, leur couple, leur travail..., ils viennent y chercher un guide et du réconfort. »

Père Pierre

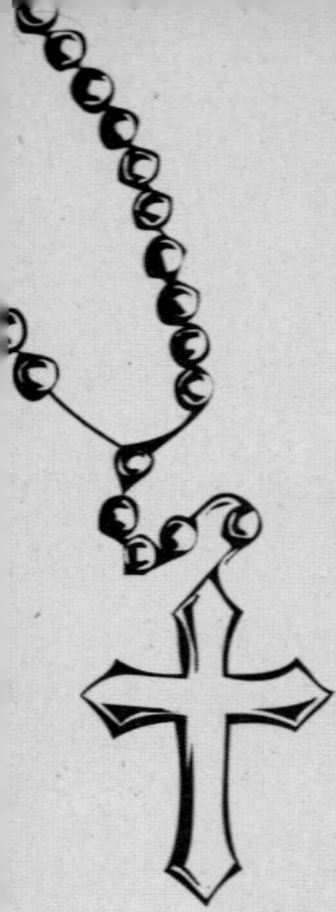

LES QUESTIONS QUE L'ON SE POSE : **LE B.A.-BA DE LA CONFESSION**

C'EST QUOI, AU JUSTE, UN PÉCHÉ ?

Le Catéchisme de l'Église catholique définit le péché comme « un manquement à l'amour véritable, envers Dieu et envers le prochain ». Quand les croyants évoquent le péché, les athées, eux, parlent de mal ou de faute. Pour les catholiques, la faute est la matière du péché qui, lui, est une offense au Tout-Puissant à travers un acte, une pensée, une parole ou même une omission blessant l'image et la ressemblance que Dieu a voulu mettre en eux. La gravité d'un péché dépend de trois éléments : le fait en soi est lui-même grave objectivement, l'acte a été commis librement et sans circonstances atténuantes (légitime défense, accident de la route) et, enfin, en toute connaissance de cause, consciemment. À chaque prêtre sa définition. « Le péché, c'est ce que je cache à Dieu. Le pardon, c'est accepter, lorsque je vais en parler au prêtre la mine contrite et la queue basse, que Dieu vienne voir mes lieux crades et qu'il me dise : *Là, je t'aime encore !* », décrypte le père Cédric. Pour son camarade Arnaud, « c'est ne pas faire ce qu'on pourrait faire de bien ». « Par exemple, ne pas porter le sac de la voisine âgée car j'étais pressé », suggère-t-il. Attention à ne pas confondre défaut et péché. « Un défaut n'est pas un péché. Ce n'est jamais ce que je suis qui est un péché, c'est ce que je fais. Et on vaut toujours mieux que ce qu'on fait », croit savoir son compère, le père Hervé.

SCÈNES DE MÉNAGES

Lors de leur mariage religieux, ils se sont juré de s'aimer toute leur vie, d'être fidèles, de se soutenir tout au long de leur existence. Mais avec le temps, l'échange de consentements prend sacrément du plomb dans l'aile. Dans les confessionnaux, conjoints et conjointes déballent leur désunion, leurs petits désaccords, leurs grands mensonges, leurs échanges de noms d'oiseau... Pas de quoi alarmer le pape François : « Je donne toujours ce conseil aux nouveaux époux : *disputez-vous autant que vous le voulez. Si les assiettes volent, laissez-les. Mais ne laissez jamais la journée finir sans faire la paix !* »

Les histoires de couples animent également les conversations avec le prêtre quand elle et lui vivent à la colle, c'est-à-dire sous le même toit sans avoir convolé en justes noces. Car comme le rappelle *Pas de boogie woogie,* la chanson signée par Eddy Mitchell, « le pape a dit que l'acte d'amour, sans être marié, est un péché ». Tous les concubins sont donc officiellement du côté du mal, coupables de fornication, cette « union charnelle en dehors du mariage entre un homme et une femme libres » selon le Catéchisme de l'Église catholique. « La fornication est gravement contraire à la dignité des personnes et de la sexualité humaine naturellement ordonnée au bien des époux ainsi qu'à la génération et à l'éducation des enfants », rapporte l'ouvrage d'instruction à la doctrine.

SOUS LE SCEAU DU SECRET

« C'est l'une de mes premières confessions. Une femme a confessé non pas ses péchés mais tous ceux de son mari alcoolique qui la violentait. Elle était victime. Elle venait chercher de la force et du courage. Elle ne cherchait pas le sacrement de réconciliation mais avait envie de parler sous le sceau du secret. À la fin de son récit, elle me lance : *vous allez encore, comme tous les autres prêtres, me demander de prier pour lui et j'en ai marre !* Je lui ai conseillé d'abord de se faire aider et effectivement, de prier pour son mari. Elle a souri. Cette rencontre m'a beaucoup marqué. J'en ai parlé à mon accompagnateur spirituel. »

Père Éric

CHARGE MENTALE

« Des hommes confessent ne pas faire le ménage, la vaisselle, la lessive..., ne pas suffisamment s'investir dans les tâches ménagères et laisser à leur épouse la charge mentale. »

Père Arnaud

QUESTION DE SURVIE

« J'ai déjà, dans le cadre de la confession, conseillé à une femme battue : *vous avez le droit de quitter votre mari, il y va de votre survie.* »

Père Hubert

BOBARD

« Une femme m'a dit : *je suis sortie avec une copine mais j'ai dit à mon mari que j'étais allée faire les courses car il n'apprécie pas ma copine.* »

Père Franck

FUITE

« Un col blanc a avoué : *quand je termine mon boulot à 19 heures, je traîne encore une demi-heure pour échapper au rush des enfants et je dis à ma femme que je suis sorti à 19 h 30.* »

Père David

SILENCE

« Il existe le silence qui apaise. Et celui qui pèse, qui tue et qui apparaît dans les péchés d'un couple après une engueulade. »

Père Antoine

LA BELLE ET LE CLOCHARD

« Une femme m'a dit à propos de son compagnon : *peut-être que je ne l'aime pas, on n'est pas du tout du même niveau social.* »

Père Hubert

SÉPARATION À L'AMIABLE

« L'envie de quitter son conjoint ou sa conjointe est parfois exprimée. Si l'un fait beaucoup de mal à l'autre, je pense qu'il vaut mieux se séparer. »

Père Olivier

LIBIDOS NON SYNCHROS

« La vie charnelle est exposée dans le confessionnal. Les femmes vont dire : *je ne suis pas assez ouverte à mon mari qui a plus de désir que moi, je suis un peu une paresseuse du sexe* du genre *"Laisse-moi tranquille mon chéri, je suis fatiguée"*. Les maris confessent, eux, qu'ils sont parfois trop entreprenants, qu'ils en demandent trop à leur épouse. »

Père Stéphane

MUET

« Une femme m'a confessé regretter avoir une vie sexuelle hors mariage. Elle sentait un décalage avec sa foi et la réalité. Elle me disait : *j'ai vraiment la conviction que mon conjoint et moi, on est fait pour une vie conjugale.* Elle était croyante, lui pas. Il avait accepté le PACS, ce qui est un premier engagement. Dans l'immédiat, elle n'imaginait pas une relation chaste. Alors est-ce un péché ? En faisant ménage avec lui, n'était-ce pas une bonne manière pour l'amener peut-être vers la foi ? C'est très complexe, je n'avais pas de réponse à ces questions. »

Père Thomas

INFIDÉLITÉ JUSTIFIÉE

« La vie sexuelle du couple est évoquée en confession par des mères de famille qui regrettent de ne plus accomplir leurs devoirs d'épouse. Le sexe est considéré comme une règle. Elles disent : *je ne me donne plus à lui et je comprends qu'il aille voir ailleurs. Je suis coupable de son propre péché, je l'entraîne vers l'adultère ou des prostituées.* Elles justifient l'infidélité du mari. »

Père Marc

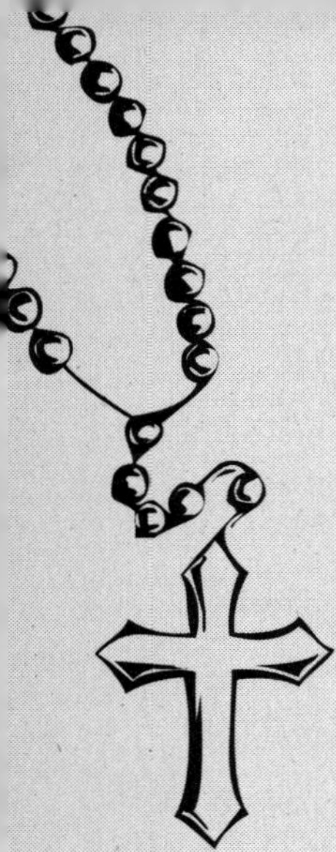

LES QUESTIONS QUE L'ON SE POSE : **LE B.A.-BA DE LA CONFESSION**

FAUT-IL UN BILLET DE CONFESSION AVANT DE CONVOLER ?

Non, Dieu soit loué, il a aujourd'hui disparu des mœurs religieuses. Mais il était encore obligatoire jusqu'au début du XXe siècle. Selon la *Petite encyclopédie ecclésiastique* datant de 1847 et « contenant ce qu'il importe le plus au curé de connaître », le billet de confession doit être exigé des fidèles qui se présentent pour le mariage à l'église, à moins que le célébrant ne les ait confessés lui-même. Chaque moitié du couple était contrainte d'obtenir l'absolution de ses péchés pour pouvoir convoler en justes noces.

Le *Dictionnaire de cas de conscience*, publié à la même époque, en justifie l'utilité : « L'exigence de ces billets ne peut être qu'une règle de discipline et une mesure de précaution pour éloigner les indignes de la profanation des sacrements. » Le certificat pouvait être rédigé soit en français soit en latin. La *Petite encyclopédie ecclésiastique* conseille tout de même de remettre le document dans la langue de Molière quand il est destiné à la célébration d'unions dans des paroisses rurales. « L'ignorance et la méfiance des gens de la campagne leur font toujours supposer quelque chose de louche à un certificat donné dans une langue qu'ils ne comprennent pas », blâme-t-elle avec un soupçon de condescendance. Pour décrocher le précieux sésame, certains pseudo-modèles de vertu étaient prêts à corrompre les membres du clergé et à l'acheter à prix... d'argent. En 1830, la *Gazette des cultes et de l'enseignement général* dénonçait ces vilains trafics. « La vérité, dont ce journal sera toujours l'organe, nous oblige de déclarer que beaucoup d'individus qui se marient à l'église en sont quittes à meilleur marché. Ils achètent le billet de confession deux francs : prix fixe ! », accuse le quotidien, regrettant que « cet abus se répète tous les jours à Paris ». Tout curé qui acceptait ce *deal* était désavoué. « Il insulte lui-même sa religion », pourfend l'éditorialiste. Et d'inviter les tentateurs à se repentir et se contenter « du mariage contracté devant l'officier de l'état civil ».

NOTRE MAISON BRÛLE ET LES PÉNITENTS REGARDENT AILLEURS

Et si souiller la nature, la polluer devenait un jour le huitième péché capital ? Et pourquoi pas décréter un onzième commandement : *Tu ne détruiras pas la planète* ? La prise de conscience internationale d'un globe à l'agonie est encore plus forte dans les couloirs du Vatican. « Le Chrétien se sait intendant, et non propriétaire de la Création. C'est dans la Genèse », rappelle le père Hervé. Fin 2019, le pape François, auteur, quatre ans plus tôt, de l'encyclique *Laudato si'* consacrée à la sauvegarde de notre Terre, a annoncé qu'il était question d'introduire dans le Catéchisme de l'Église catholique un nouveau vice : le péché écologique ou péché envers la Création. En attendant, le quatrième commandement – *Tu ne tueras point* – devrait, dans une acceptation élargie, déjà freiner les ardeurs des massacreurs de forêts ou d'espèces en voie de disparition.

Mais les préoccupations vertes au sommet de l'Église catholique n'ont pas encore totalement convaincu la base. Les confessions pour péchés nocifs pour l'environnement restent encore exceptionnelles à en croire le souverain pontife qui s'alarme du « cri de la Terre, violée et blessée de mille manières par une exploitation égoïste ». « Quand j'administre le sacrement de la réconciliation, c'est rare que quelqu'un s'accuse d'avoir fait violence à la nature, à la Terre, à la Création. Nous n'avons pas encore conscience de ce type de péché », a-t-il regretté en février 2019. Un constat également partagé par les prêtres français. « L'état de notre planète n'est pas encore au cœur des péchés qui sont pourtant, généralement, les reflets de notre société. C'est essentiellement le cul pour l'instant », rappelle le père Cédric. Pour autant, les clercs hexagonaux observent petit à petit des changements dans les aveux mettant l'accent sur les excès de consommation. Le gaspillage est évoqué, comme si le message du pape originaire de Buenos Aires commençait à être entendu : « Lorsque l'on jette de la nourriture, c'est comme si l'on volait la nourriture à la table du pauvre, à celui qui a faim ! » « La question arrive enfin dans les examens de conscience », confirme le père Pierre. « L'Homme est un ennemi de la nature, les gens ont fini par s'en rendre compte », soupire le père Denis. Mais alors quels comportements anti-écolos les croyants confessent-ils ?

ÉCOLOS EN CULOTTES COURTES

« Ce sont les enfants qui évoquent le plus l'écologie dans la confession : *j'ai laissé couler l'eau du robinet pendant que je me brossais les dents.* »

Père Marc

ÉTEINS LA LUMIÈRE !

« Les gamins disent : *j'ai jeté un papier sur le trottoir, j'ai laissé la lumière dans le couloir...* Bon, si c'est une étourderie, ce n'est pas un péché. La réponse, c'est tout simplement de veiller à bien l'éteindre la prochaine fois, pas de passer la soirée à la bougie. »

Père Laurent

APPRENTI TYRAN

« Un scout m'a avoué avoir coupé la queue d'un lézard »

Père Michel

DONNEZ, DIEU VOUS LE RENDRA !

« J'entends : *je n'ai pas terminé mon plat, j'ai gaspillé, j'ai pris des vacances de riches.* Je n'ai pas encore eu de pénitents qui confessaient être allés chercher leur baguette en voiture plutôt qu'à pied ou ne pas acheter des produits en vrac. J'observe, chez eux, un manque de tempérance. Alors je leur dis : *si vous dépensez beaucoup, il faut aussi donner beaucoup.* »

Père Jean-Luc

CO_2

« On m'a dit : *j'ai abandonné des encombrants sur la voie publique*. On ne me parle pas encore d'empreinte carbone. »

Père Arnaud

CLIVAGES POLITIQUES

« J'ai une clientèle dans la cathosphère orientée très à droite qui pense que le pape François exagère quand il parle de la nature et des animaux. Pour elle, l'écologie est forcément de gauche. Alors, il n'y a aucun péché, de sa part, qui porte sur ce thème. »

Père Michel

ACHETEUR COMPULSIF

« Une personne m'a avoué : *je gaspille mon fric comme un fou dans l'essence et les vêtements, j'ai plein de choses chez moi qui ne servent à rien, je fais du mal à la maison commune avec ma folie consumériste.* »

Père Alexis

COMPENSATION

« Il est fréquent de confesser une boulimie d'achats. Alors comme réparation, je suggère de servir aux pauvres un repas. »

Père Stanislas

LE PLASTIQUE, C'EST PAS FANTASTIQUE

« J'ai confessé en dehors de la France et j'ai été estomaqué d'entendre des pénitents regretter de ne pas respecter la nature en achetant des objets en plastique. Il n'y avait pas encore ces préoccupations écolos en France, si bien qu'à l'époque, dans les années 90, je me demandais si c'était vraiment un péché. »

Père Hubert

30 MILLIONS D'AMIS

« Les petites violences sur les animaux commencent à être prises en compte : *j'ai mis le museau de mon chat dans sa litière parce qu'il avait uriné en dehors.* »

Père Olivier

MAUDIT CANARI

« Un confrère m'a raconté qu'une fidèle, une vieille dame, se reprochait d'avoir coursé son canari avec une pompe à vélo. »

Père Emmanuel

CHAT ALORS !

« Un gamin qui avait une gueule d'ange m'a avoué : *j'ai torturé mon chat*. En fait, il l'avait juste caressé un peu brusquement. »

Père Grégoire

BÊTES HUMAINES

« Les réactions sont parfois disproportionnées par rapport aux bêtes, par exemple quand on traite son animal de compagnie comme un conjoint. C'est le signe d'une grande souffrance ! J'ai entendu : *j'ai fait de la peine à mon chien en ne lui donnant pas assez de croquettes.* »

Père Christian

MERCI PATRON !

Au boulot, tous les coups (bas) sont permis. De la médisance entre collègues devant la machine à café aux persécutions perpétrées par le sous-chef, du salarié qui passe son temps sur YouPorn au patron qui s'en met plein les fouilles mais rechigne à verser une prime même modique, le monde de l'entreprise regorge de péchés. En bas comme en haut de l'échelle, certains travailleurs sont à des années-lumière de décrocher le titre d'employé du mois.

HUMILIATIONS

« Je perçois de grandes souffrances au travail. Du ressentiment à l'égard du supérieur qui impose du stress et maltraite verbalement son personnel. L'employé me dit : *ça me pourrit la vie, je me sens humilié, je n'arrive pas à lui parler*. De leur côté, les patrons avouent des défaillances dans l'exercice de leurs responsabilités humaines : *je demande pardon parce que je n'ai pas été droit, je n'ai pas su mettre mes collaborateurs en valeur.* »

Père Patrick

PLAN SOCIAL

« Les patrons vont confesser l'intime, le privé, pas le public donc rarement des décisions professionnelles. Quand ils le font, c'est : *j'ai eu des relations très dures avec mes collaborateurs, j'ai été trop directif, je n'ai pas écouté suffisamment mes employés.* Mais il n'y a aucune culpabilité par rapport aux faibles salaires, aux inégalités... Le plan social n'est pas un péché pour eux. »

Père Marc

ABUS D'AUTORITÉ

« Dans les sphères du pouvoir, je réceptionne des confessions d'orgueil : l'amour de l'argent et le goût de l'autorité qui mènent aux mensonges. »

Père Olivier

LICENCIEMENTS

« J'ai confessé des P.-D.G. ayant des tourments par rapport aux licenciements qu'ils ont dû opérer. »

Père Jean

USURPATEURS

« Le péché du petit chef, du patron dictateur, du médecin qui se prend pour Dieu, c'est un classique ! C'est déjà une victoire qu'ils en aient conscience. »

Père Antoine

AU DIABLE L'INDIVIDUALISME

« J'observe ces dernières années la montée de l'individualisme : *je suis le petit-maître à bord, je n'ai besoin de personne, j'ai voulu rabaisser systématiquement mon collègue*. À la clé de tout ça, c'est l'orgueil, péché du diable. »

Père Cédric

ENGRENAGE

« Des cadres pris dans un engrenage se retrouvent coincés entre leur foi et leurs objectifs de profit. Ils ont le sentiment d'être acteurs du plan de licenciements, d'avoir exploité des pays africains lors de la négociation de marchés. »

Père Vincent

COMPLICITÉ

« Certains s'en veulent de ne pas avoir dénoncé une situation d'injustice au boulot : *ma collègue a été débarquée et je n'ai pas réagi.* Son silence est un péché volontaire, de complicité de l'injustice. »

Père Franck

THE BEST

« L'absence de reconnaissance du patron est souvent évoquée : mon chef de service ne m'estime pas alors qu'évidemment, je suis le meilleur... »

Père Denis

TREIZIÈME MOIS

« Au boss tout-puissant et méprisant que ne respectent pas ses salariés, je propose une réparation : vous allez revoir votre management, expérimenter la bienveillance en accordant un treizième mois à vos salariés. »

Père Laurent

JALOUSIE

« J'ai entendu : *j'ai exprimé de la jalousie à l'égard de mon collègue qui a décroché le poste que je convoitais.* »

Père Jean-Louis

BURN-OUT

« Beaucoup me disent : *mon chef m'emmerde !* Alors certains se font justice eux-mêmes en déclarant la guerre à leur patron et en le poussant vers le burn-out : *il a voulu jouer au con, eh bien j'ai gagné !* »

Père Éric

ÉQUIVOQUE

« Un fidèle regrettait d'avoir été équivoque avec sa collègue de travail : *je vois que cette femme, je l'attire, je me suis prêté au jeu de la séduction, il faut que je fasse gaffe.* »

Père Stéphane

LEÇONS DE CONFESSION

C'est en confessant qu'on devient confesseur. Pendant longtemps, les curés fraîchement nommés ont appris à pardonner exclusivement sur le terrain, au contact direct des pénitents. Mais désormais, avant d'être ordonnés, ils bénéficient, quand ils sont encore à l'école – ou plutôt au séminaire – de formations avec des professeurs qui soumettent leurs étudiants dévots à une multitude d'« exemples pratiques ». Une fois entrés dans la vie sacerdotale, il peut arriver que certains, manquant d'expérience ou faisant face à une situation complexe, évoquent avec un aîné « un cas particulier » afin d'obtenir un conseil ou un avis. Mais en prenant la précaution de ne révéler ni le lieu, ni le patronyme du pénitent, ou les circonstances qui rendraient alors la situation facilement identifiable et trahiraient ainsi le secret de la confession.

CAS D'ÉCOLE

« Durant un semestre, lors de ma dernière année de séminaire, j'ai eu droit à un module *Exercices de confession.* On nous a appris à ne surtout pas poser de questions quand on reçoit des confessions de femme portant sur le sexe. On avait aussi des cas de figure à traiter sous forme de jeux de rôle, par exemple l'agriculteur qui confesse être allé au salon de l'agriculture à Paris et avoir trompé sa femme durant le séjour ! J'ai pu constater avec du recul qu'aucune des situations abordées n'était fidèle la réalité du terrain. »

Père Francis

TACT ET EXPÉRIENCE

« J'ai eu un ou deux cours de théologie morale au séminaire, quelques heures de bons conseils. Tous les profs disaient : *il faut énormément de tact et d'expérience pour poser des questions aux pénitents ; un jeune prêtre n'a jamais assez de tact et d'expérience.* Au début de mon sacerdoce, j'étais parfois effrayé alors je racontais mes effrois à mon directeur spirituel. »

Père Éric

PSYCHOLOGIE

« Je suis nul en psychologie. Je n'ai jamais été formé à ça. Alors je dois faire attention en confession. Heureusement, la grâce fait le travail pour moi, le bon Dieu compense mes limites. »

Père Jean-Luc

STAGE D'ÉTÉ

« Dès mon ordination au mois de juin, j'ai été envoyé dans un sanctuaire pour un stage d'été de deux semaines sous les ordres d'un chapelain avec qui je débriefais les cas sensibles à l'issue des confessions. J'ai été immédiatement plongé dans la misère humaine. »

Père Arnaud

THÉORIE ET PRATIQUE

« J'ai appris sur le tas. Tant qu'on n'est pas prêtre, on ne peut pas faire des choses de prêtre. On ne peut pas s'entraîner avant. Lors de mes années de séminaire, j'ai quand même retenu une chose en matière de confession : il faut savoir faire preuve de discernement, différencier le pécheur classique de celui qui a un problème psychiatrique et peut s'avérer dangereux. »

Père David

QUESTIONS INDISCRÈTES

« Il faut un véritable savoir-faire pour bien confesser. Sans ça, ça peut occasionner beaucoup de dégâts. Lors de mon premier ministère, je devais gérer une équipe de confesseurs. J'avais les retours des pénitents mécontents. La plainte principale, c'était : *le prêtre m'a posé trop de questions indiscrètes.* Personne n'aime l'intrusion. Les conséquences sont immédiates. Une personne blessée par les propos d'un prêtre ne reviendra plus jamais en confession ! »

Père Roger

INÉGAL

« La meilleure école pour bien confesser, c'est de se reconnaître soi-même pêcheur, ne pas se sentir au-dessus des fidèles. Mais c'est comme dans tous les métiers, il y a des bons et des mauvais confesseurs. En tant que prêtre, il y a des tâches qu'on réussit mieux que d'autres. Moi, j'ai un don pour la confession. En revanche, je suis mauvais dans l'accompagnement spirituel. »

Père Pierre

LES QUESTIONS QUE L'ON SE POSE : **LE B.A.-BA DE LA CONFESSION**

D'OÙ VIENT LE MOT CONFESSION ?

Issu du latin « *fateor* » signifiant « avouer », la confession est, selon le Petit Robert, « une déclaration, un aveu de ses péchés que l'on fait à un prêtre catholique, dans le sacrement de la pénitence ». La confession consiste à rencontrer seul à seul un prêtre soumis au secret absolu et lui confier ses péchés pour demander le pardon à Dieu que ce clerc a le pouvoir, selon l'Église catholique, d'accorder au nom du Christ. Officiellement, depuis 1973 et la publication d'un nouveau rituel promulgué dans la foulée du concile Vatican II, clos en 1965, et qui a bousculé l'Église catholique, la confession est appelée « sacrement de pénitence et de réconciliation ». Auparavant, l'Église mettait davantage l'accent sur l'aveu des péchés. Désormais, elle fait la part belle à la réconciliation avec Dieu, soi-même et son prochain.

LES PRÊTRES « ORDINAIRES » PEUVENT-ILS PARDONNER TOUS LES PÉCHÉS ?

Non, la rémission de certains péchés est, historiquement, réservée au Vatican, au siège apostolique, à des prêtres de la Curie ayant des facultés spéciales ou des membres de la Congrégation pour la doctrine de la Foi. Ces délits passibles de l'excommunication automatique, au nombre de six, sont la profanation des espèces consacrées (hostie et vin lors de la messe), la violence physique contre la personne du pape, la violation directe du secret de la confession, l'absolution du complice contre le 6e commandement (« Tu ne commettras pas d'adultère »), la consécration épiscopale sans mandat pontifical et, enfin, l'ordination d'une femme. Mais dans le cadre du Jubilé de la miséricorde qui s'est tenu entre décembre 2015 et novembre 2016, lors de l'année sainte extraordinaire, le pape a nommé un millier de prêtres du monde entier « missionnaires de la miséricorde ». Leur mission canonique les autorisait à absoudre les quatre premiers péchés réservés. Une partie de ces clercs ont conservé leurs prérogatives à l'issue du Jubilé de la miséricorde. Les deux péchés relatifs au sacrement de l'ordre ne sont pas concernés et demeurent toujours la chasse gardée du Saint-Siège. Ils sont une trentaine de prêtres en France à disposer aujourd'hui de ces pouvoirs spéciaux, notamment la possibilité de pardonner une absolution donnée à un complice du 6e commandement. « C'est le cas par exemple d'un prêtre qui a commis une faute d'adultère mais qui a pardonné sa maîtresse ou son amant pour ce péché. J'ai le droit de lui pardonner d'avoir pardonné », clarifie un missionnaire (français) de la miséricorde.

LE CONFESSEUR PORTE-T-IL DES HABITS SPÉCIAUX ?

Aucune tenue vestimentaire n'est imposée, le père Guy Gilbert peut donc tout à fait pardonner ses loubards avec son Perfecto increvable, ses santiags et ses bagouzes de rockeur. Mais en pratique, le confesseur est souvent habillé de l'aube portée lors de l'administration des sacrements (confession, baptême...). Il est également revêtu d'une étole, cette longue écharpe symbolisant le fardeau de l'Évangile que le ministre du culte porte sur ses épaules, « attelé » à la tâche confiée par le Christ lui donnant force et pouvoir. Cet ornement liturgique renvoie à l'image du « joug » par lequel les bœufs étaient attachés pour labourer. Lors de la confession, il est généralement violet, couleur de l'attente de la rencontre avec le Christ.

FAMILLES, JE VOUS HAIS !

Méfiez-vous des apparences ! Derrière l'image de carte postale pour ne pas dire idyllique de la famille catho unie et bien sous tous rapports se cachent parfois des luttes intestines sans merci, de vieilles rancœurs traversant les générations, des querelles remontant à l'enfance, des jalousies ingérables consécutives à un héritage ou encore des crimes inavouables. Ces secrets bien enfouis sont des bombes à retardement qui explosent, un jour ou l'autre, dans le confessionnal.

PÈRE INCONNU

« J'ai entendu un secret de famille : *je n'ai jamais révélé à mon enfant que je n'étais pas son père.* »

Père Marc

BELLE-DOCHE

« Les Français n'aiment pas leur belle-mère et les belles-mères n'aiment pas leur belle-fille, c'est un constat qui se confirme en confession ! »

Père Jacques

INCESTE

« J'ai reçu des aveux d'inceste émanant de gens souvent en fin de vie. Trente ou quarante ans après les faits qui ont pourri toute la vie de famille, ils avouent. Sur le coup, j'avais envie de leur foutre mon poing sur la gueule. »

Père Cédric

FARDEAU

« Un homme portait un fardeau très lourd. Il s'était construit une carapace avant de me confier : *je ne me suis jamais occupé de mon frère malade du temps de son vivant, il est mort maintenant il y a dix ans.* »

Père Jean-Luc

RANCUNES

« Certains demandent pardon de ne pas réussir à pardonner en raison de rancunes profondes. Des jalousies liées à l'enfance entre frères et sœurs. C'est le décès du père ou de la mère qui est souvent l'élément déclencheur. »

Père Franck

RÉVEIL TARDIF

« Une jeune femme d'une bonne vingtaine d'années a pris conscience dans le confessionnal que ses relations avec ses parents étaient défaillantes : *je réalise maintenant qu'ils sont vieux et qu'ils ne savent rien de ma vie. Je suis très secrète. Je ne leur dis même pas que je les aime.* »

Père Alexis

SUCCESSION

« En écoutant les confessions, j'ai vu de près ô combien la jalousie pouvait déchirer les familles lors d'une succession. »

Père Denis

RANCŒURS

« Parfois, les rancœurs ne tiennent à pas grand-chose. Une sœur en veut à ses parents parce que son frère a eu un plus grand éclair au chocolat qu'elle quand ils étaient gamins. C'est une infantilisation des péchés. »

Père Cédric

FRÈRE PRODIGE

« La jalousie entre frères et sœurs est courante. C'est, par exemple, un frangin qui a mieux réussi, qui s'est marié et qui est papa de six enfants alors que la frangine est toujours célibataire. »

Père Stanislas

FAUSSE ROUTE

« Certains s'accusent de manquer de patience lors de l'accompagnement d'une mère ayant Alzheimer ou d'un père schizophrène. Mais à mes yeux, ça relève plus souvent de la fatigue que du péché. Mon boulot de confesseur, c'est de remettre les choses à leur juste place. »

Père Jean-Louis

HÉRITAGE

« Une personne m'a avoué avoir planqué quelques trucs avant que ses parents ne meurent pour que ça ne soit pas comptabilisé dans le partage lors de l'héritage. Ce genre de petits larcins est fréquent. »

Père Éric

MÉMOIRE RESSUSCITÉE

« La confession est parfois plus forte que la maladie. J'ai confessé un grand-père qui avait Alzheimer et qui était fâché avec son frère depuis des années. Lui qui avait perdu toute mémoire a alors retrouvé ses souvenirs. Il a exprimé une très grande joie une fois libéré de son poids. »

Père Thierry

PARENTS DÉBOUSSOLÉS

« Quand des parents me disent *J'ai été dur avec mes enfants, je leur ai crié dessus,* ou à l'inverse *J'ai été trop laxiste,* je leur réponds : *attention, ce n'est pas forcément un péché. Est-ce que c'était injuste ?* »

Père Olivier

HOMMES-FEMMES MODE D'EMPLOI

Le vice n'a pas de sexe. La gent masculine comme la gent féminine fréquente le confessionnal. Il est tout de même des différences dans les comportements. D'abord, la première pratique moins que la seconde la contrition. Ensuite, hommes et femmes se démarquent par leur manière de cracher le morceau. C'est en tout cas l'impression, parfois sexiste, des prêtres. Vivement l'ordination de ces dames pour nous éclairer d'un autre regard !

CAUSE TOUJOURS

« Les femmes viennent parfois confesser les péchés de leur mari : *il drague, il boit, il gueule, il n'est jamais là.* Elles ont besoin de causer, alors je les laisse causer. Mais je finis toujours par intervenir en leur disant : *la confession, c'est plutôt vous !* »

Père Benoît

DÉTOURS

« Un homme gère assez bien d'être un fumier. Il va dire : *oui, je le reconnais, je suis un salaud.* Une femme, elle, a le sens du don absolu et ne supporte pas sa faute. Elle justifie tout ce qu'elle ose. Alors elle va être plus bavarde et habiller le péché. Elle contextualise. Sa confession est plus coûteuse en temps. »

Père Jean-Luc

ÉLECTROCHOC

« La femme expose ses malheurs et pointe les péchés des autres mais ne se remet pas en cause. Elle répète : *moi, ça va !* Je lui lance alors : *bon, eh bien, je ne vous donne pas l'absolution.* Cela crée généralement un petit électrochoc. »

Père Arnaud

ET LA TENDRESSE, BORDEL !

« La répercussion psychologique et affective d'un péché est souvent plus forte chez les femmes. »

Père Jean

DÉLICATESSE

« Les femmes ont plus de facilités à se livrer, à rendre compte de leur vie intime avec beaucoup de délicatesse. »

Père Arnaud

DROIT AU BUT

« Dans leurs péchés, les femmes sont davantage tournées vers la relation à Dieu, la prière, la charité… Elles ont tendance à tourner autour du pot. Les hommes, eux, sont plus concrets. Ils vont droit au but. Ils ne font pas le déplacement pour rien. »

Père David

ACTION RÉACTION

« La femme est attentive à la pensée et à l'imaginaire. Elle va mettre l'accent sur la qualité de cœur, les sentiments là où l'homme sera dans l'action. »

Père Hervé

DILUTION

« Les femmes diluent. Elles racontent des broutilles, pleurent et enfin crachent le morceau, ce pour quoi elles ont fait le déplacement jusqu'à moi. Les hommes, eux, lâchent d'abord le gros truc, ça doit faire viril, puis noient le poisson. »

Père Benoît

GAYS, ET ALORS !

« Si une personne est homosexuelle et cherche le Seigneur avec bonne volonté, qui suis-je pour la juger ? » En juillet 2013, le pape François envoyait un message d'ouverture sans précédent à l'égard de la communauté gay dans le monde. Pour autant, aux yeux de l'Église, l'homosexualité reste un péché, « une déviation objectivement grave ». « S'appuyant sur la Sainte Écriture, qui les présente comme des dépravations graves, la Tradition a toujours déclaré que les actes d'homosexualité sont intrinsèquement désordonnés. Ils sont contraires à la loi naturelle. Ils ferment l'acte sexuel au don de la vie. Ils ne procèdent pas d'une complémentarité affective et sexuelle véritable. Ils ne sauraient recevoir d'approbation en aucun cas », estime le Catéchisme de l'Église catholique, tout en appelant à accueillir « avec respect, compassion et délicatesse » les hommes et femmes présentant « des tendances homosexuelles foncières ». « On évitera à leur égard toute marque de discrimination injuste », enjoint-il. Culpabilisés par leur Église, des fidèles homosexuels évoquent leurs souffrances dans le confessionnal. Comme certains parents qui regrettent de les avoir rejetés.

CONFIDENT

« Je suis souvent le premier interlocuteur, le premier confident des personnes homosexuelles, leur famille n'est pas au courant. Ce sont majoritairement des jeunes cathos très pratiquants qui ont un fort sentiment de culpabilité. Je leur demande *: mais en quoi c'est un péché ? Vous aimez un homme, et alors ? Quel est le regard que Dieu porte sur vous ?* Cela pourrait être une peine pour eux de ne pas recevoir le sacrement de réconciliation alors je leur donne. Ils ont beaucoup souffert, je sais que ça leur fait du bien. »

Père Vincent

SOUTIEN

« Un fidèle est venu me demander pardon parce qu'il était homosexuel. Pour moi, ce n'est pas un péché. Mais lui le vivait comme tel. C'est très complexe. On peut alors sortir du cadre de la confession et entrer dans un accompagnement spirituel. »

Père Cédric

PÈRE INDIGNE

« Un père de famille bourgeoise catho m'a confessé avoir eu des propos déplacés avec son fils qui était homo. Il était touché dans sa virilité. »

Père Michel

OBJETS

« Les personnes homosexuelles ne viennent pas confesser leur homosexualité en elle-même. Elles sont heureuses de pouvoir s'épanouir. En revanche, elles regrettent parfois de devenir esclaves de pratiques sexuelles et de se transformer en objets. »

Père Didier

✝

MISÉRICORDIEUX

« Au pénitent qui culpabilise d'être homosexuel, qui pense encore, à cause de son éducation, que c'est contre-nature, je dis : *Dieu, qui est miséricordieux, vous aime comme chaque personne humaine*. Je ne porte aucun jugement. »

Père Antoine

SOUFFRANCE PATERNELLE

« J'ai rencontré en confession un père qui souffrait d'avoir un fils homosexuel et regrettait d'avoir mal réagi. Il se confessait pour partager une douleur et demander de l'aide. »

Père Alexandre

MICHEL-ANGE

« L'homosexualité n'est pas un péché en soi, ce sont les actes sexuels qui sont peccamineux. J'invite la personne homosexuelle à ne pas se détester, je lui répète qu'elle est aimée de Dieu. Je fais en sorte qu'elle ne culpabilise pas de l'être, qu'elle ne se dégrade pas, qu'elle ne se méprise pas. Il y a une grâce, un mystère à être homosexuel. Je lui rappelle que la fresque du plafond de la chapelle Sixtine au Vatican, là où le pape François a célébré sa première messe, a été peinte par Michel-Ange, qui était homosexuel. »

Père Paul

LA GOURMANDISE N'EST PLUS UN VILAIN DÉFAUT

« La gourmandise, le péché des moines vertueux », écrivait Honoré de Balzac. C'est pourtant, aux yeux de l'Église, le vice de millions de fidèles, et ce depuis belle lurette. Élevée officiellement au rang de péché capital au XIIIe siècle au même titre que l'orgueil, l'avarice, l'envie, la colère, la luxure et la paresse, la gourmandise est le contraire de la tempérance (l'une des quatre vertus cardinales) et renvoie à l'idée de « gloutonnerie » ou de « goinfrerie ». La Bible condamne ceux qui « ont pour Dieu leur ventre ». Saint Thomas d'Aquin la juge comme « un désir désordonné de nourriture ». La morale catholique y voit une porte ouverte à d'autres démons, en particulier la luxure, associant les plaisirs excessifs du ventre à ceux du bas-ventre. Le gourmand est considéré comme vorace et égoïste, très éloigné de la charité chrétienne.

À force d'entendre que la gourmandise est un vilain défaut, certains cathos, toujours prompts à s'accuser de ne pas avoir fait maigre, ont fini par croire que tous les plaisirs de la table étaient à bannir. Or, ce sont les abus gargantuesques de bonne chère qui sont montrés du doigt et non les petites douceurs du palais. Qu'importe, le mal est fait dans les consciences et ce péché capital demeure très présent dans les confessions pour un éclair au chocolat dévoré ou un repas gastronomique savouré. Pourtant, les prêtres, eux-mêmes, n'en font plus tout un plat, pardonnant sans même avoir besoin d'un acte de contrition celui ou celle qui s'offre un bonheur gustatif. Dans un livre d'entretien publié en septembre 2020, le pape François, en personne, a critiqué la « bigoterie » et encensé le bonheur culinaire jugé « simplement divin ». Pour lui, « le plaisir de manger comme le plaisir sexuel viennent de Dieu ».

Si, malgré tout, la gourmandise est encore, sans recul, servie sur un plateau dans les confessionnaux, c'est sans doute en raison d'une incompréhension sémantique. Alors en 2003, vingt-huit épicuriens hexagonaux dont le chef Alain

Ducasse ou l'homme politique fumeur de cigares André Santini ont adressé au souverain pontife Jean-Paul II une requête demandant que le terme de gourmandise soit renommé en gloutonnerie, intempérance ou goinfrerie. Le pape de la gastronomie, Paul Bocuse, y louait la « gourmandise ». « Ma très chère, ma muse, que tu sois ou non un péché, je ne suis pas près de te renier. Pour te satisfaire, je veux bien aller en enfer », promettait celui qui a rejoint le paradis en 2018.

RELIGIEUSE AU CHOCOLAT

« Il existe des péchés mignons qui meublent la confession, comme celui raconté par une dame de 85 ans : *hier, j'ai acheté une religieuse au chocolat pendant le Carême, je n'aurais pas dû, je culpabilise.* »

Père Franck

BLANQUETTE

« Le péché, c'est ce qui fait mal à l'autre. Alors en quoi reprendre de la blanquette de veau porte-t-il grief à autrui ? On peut se resservir, ce n'est pas un crime. »

Père Jean

JOYEUSES PÂQUES

« Les confessions formelles de ceux qui se confessent peu mettent la gourmandise à l'honneur : *mon père, je ne fais rien de mal, je suis juste gourmand, j'aime les bonnes choses*. C'est le minimum syndical. Ce genre de confessions, il y en a un paquet avant Pâques. »

Père Patrick

ANTI GASPI

« Qui dit ritualité dit langage convenu. Derrière le mot gourmandise se cache souvent le mot gaspillage. »

Père Éric

BOULIMIE

« Si un pénitent se dit goinfre, il faut distinguer ce qui est de l'ordre du péché et ce qui est de l'ordre de la pathologie. La boulimie, ce n'est pas de sa faute, ce n'est pas un péché. Je peux alors proposer un accompagnement spirituel pour le fortifier dans sa volonté. »

Père Laurent

GLOUTONNERIE

« Le péché de gourmandise n'est pas dans la Bible. Saint Paul parle de gloutonnerie. La gloutonnerie, c'est manger à outrance, manger même quand on n'a plus faim. On peut y inclure les beuveries d'alcool. Savoir apprécier les bonnes choses, c'est de la gourmandise et ce n'est pas condamnable. Inutile donc de culpabiliser. En revanche : *Maman m'avait dit de ne pas manger de Nutella mais je l'ai fait, j'ai ouvert le pot planqué dans la cuisine et je l'ai vidé,* ça, c'est de la gloutonnerie et c'est tout à fait recevable en confession. »

Père Christophe

✝

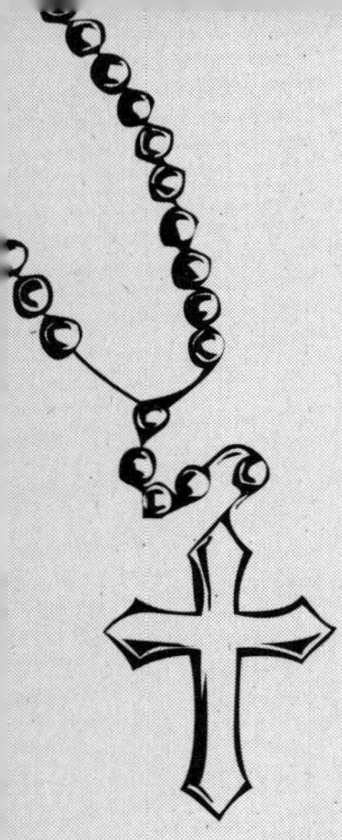

LES QUESTIONS QUE L'ON SE POSE : **LE B.A.-BA DE LA CONFESSION**

QUI A IMAGINÉ LES 7 PÉCHÉS CAPITAUX ?

L'orgueil, l'avarice, l'envie, la colère, l'impureté, la gourmandise et la paresse existent depuis la nuit des temps, depuis que la nature humaine a vu le jour. Mais qui les a rassemblés pour en faire un septénaire indémodable toujours admis par l'actuel Catéchisme de l'Église catholique ? Contrairement à une idée reçue, cette liste n'est pas inscrite en tant que telle dans la Bible. Elle a été établie bien plus tard, inspirée au IVe siècle en Égypte par le théologien « retiré du monde » Evagre le Pontique. Cet anachorète qui vivait en ermite a, lui, recensé 8 passions néfastes pour les bipèdes : la gourmandise, l'impureté, l'avarice, la mélancolie, la colère, la paresse, la vaine gloire et l'orgueil. Au siècle suivant, le moine Jean Cassien a réduit le catalogue à 7 maux légèrement différents, y ajoutant l'envie et la luxure mais le délestant de l'impureté, la mélancolie et la vaine gloire. L'inventaire a été bouclé à la fin du VIe siècle sous la férule du pape Grégoire Ier. Mais pourquoi dit-on qu'ils sont « capitaux » alors que d'autres péchés, qui paraissent bien plus graves, comme le meurtre et autres crimes, n'ont pas été honorés de la sorte ? Tout simplement parce que le mot « capital » est mal interprété. Il est issu du latin « *caput* » signifiant la tête et est synonyme de « central », à l'instar de notre ciboulot. Les péchés capitaux sont donc à l'origine de nos comportements déviants. D'eux découlent tous les autres. Ainsi l'envie peut conduire à un assassinat, la paresse à un vol. « Ils sont appelés capitaux parce qu'ils sont générateurs d'autres péchés, d'autres vices », décode le Catéchisme de l'Église catholique. Cette subtilité a été évoquée dès le XIIIe siècle par le philosophe dominicain saint Thomas d'Aquin estimant que l'appellation « 7 vices fondamentaux » serait plus appropriée. Pour contrebalancer cette classification négative sont nées, au Moyen Âge, les 7 vertus catholiques : la foi, l'espérance, la charité, la prudence, la tempérance, la force et la justice.

NOMBRILISME DIGITAL

Les nouvelles technologies n'ont pas seulement révolutionné nos quotidiens. Elles ont aussi considérablement enrichi le répertoire des vices. Avec internet et les réseaux sociaux, les péchés nouveaux 2.0 sont arrivés et s'avèrent bien plus addictifs que le Beaujolais ! Pour le clergé, Twitter, Facebook, Instagram et consorts nous poussent, parfois, à nous placer au premier rang, à ne penser qu'à notre pomme et nous détournent de notre quête spirituelle. L'occasion de rappeler aux nombrilistes et autres narcissiques la première lettre de saint Paul Apôtre aux Corinthiens : « Tout ce que vous faites : manger, boire, ou toute autre action, faites-le pour la gloire de Dieu... »

RÉALITÉ TRAVESTIE

« J'ai entendu : *j'ai menti sur les réseaux sociaux, j'ai travesti la réalité pour me faire mousser.* »

Père Franck

LIKES

« La gourmandise du XXIe siècle, c'est la boulimie de réseaux sociaux et de selfies. Les gens y bombent le torse. Leur valeur, c'est un nombre de *likes,* ils ne se rendent pas compte que c'est une pathologie grave. »

Père Antoine

DIFFAMATION

« Salir volontairement l'image de son camarade de classe sur les réseaux sociaux est un péché qui fait, malheureusement, une percée. »

Père Denis

ÉGOCENTRIQUE

« L'égocentrisme est dans l'air du temps. J'ai entendu : *sur les réseaux sociaux, je me suis survalorisé, je n'ai pas laissé les autres exister*. Il y a aussi ceux qui, à l'inverse, confessent se dévaloriser. C'est également un péché. J'ai été créé à l'image de Dieu, donc je ne suis pas nul. »

Père Laurent

PRISONNIER

« Il est courant d'entendre : *je ne prie plus, j'ai baissé les bras, je préfère aller surfer sur la Toile.* Le piège d'internet, c'est l'individualisation, l'isolement. On s'enferme dans nos fragilités. »

Père Christophe

ESCLAVE

« Un jeune en prépa Math Sup a confessé être dépendant à son Smartphone et avoir besoin d'une concentration énorme pour ne pas regarder le dernier message qui fait bip pendant ses révisions. Il se sentait esclave, notamment des réseaux sociaux. Il n'arrivait pas à se libérer de cette addiction et regrettait finalement un manque de volonté. Des adultes confessent également n'avoir pas su éteindre les écrans le soir et dire stop pour pouvoir être frais le lendemain ! »

Père Arnaud

NERFS À VIF

« Un papa m'a dit : *je m'énerve plus facilement sur les enfants quand je suis scotché sur mon téléphone.* »

Père Denis

TEMPS PERDU

« L'abus d'écrans est transgénérationnel. C'est du temps perdu de lire toujours la même information et de regarder des vidéos sur YouTube qui n'ont pas d'intérêt. »

Père Emmanuel

LIBÉRÉS, DÉLIVRÉS !

Il faut croire (en Dieu) pour y croire ! Se laver de ses péchés peut métamorphoser une existence, transformer une grande peine en une joie immense. Une libération intérieure qui rend léger, léger, léger...

APAISEMENT MIRACLE

« Le pardon procure un apaisement immédiat, c'est comme une carapace qui tombe, un salut, une désincarcération, un accouchement. On retrouve de l'air, on respire après avoir été proche de la noyade. La plaie est soudainement assainie, l'abcès est crevé. Il se produit un miracle. »

Père Patrick

LE TRIOMPHE DE LA VÉRITÉ

« Reconnaître la vérité est toujours libérateur. Toute confession est une victoire. »

Père Jean-Luc

MÉTAMORPHOSE

« Un fidèle m'a dit : *j'étais déjà venu l'année dernière, vous m'avez complètement bouleversé, je ne suis plus le même homme.* »

Père Alexandre

BÉNÉDICTION

« J'ai rencontré les pécheurs les plus aguerris en prison et les conversions de cœur les plus belles, la prise de conscience que le pardon de Dieu voulait dire quelque chose. C'est très émouvant pour un prêtre de voir le détenu se mettre à genoux devant Dieu puis se relever. Je demandais à la personne une fois confessée de me bénir. »

Père Cédric

AVEU DÉCAPANT

« L'Église ne condamne pas, elle aide à accéder à la liberté. Lors de la confession, je dépose un poids, je crois que Dieu prend mon péché. Je peux le déposer parce que je sais que je ne suis ni condamné ni humilié. Pour arriver jusque-là, il faut savoir y mettre des mots. Certaines vérités sont douloureuses à énoncer. Mais l'aveu est décapant. Le Seigneur pardonne, on n'est jamais prisonnier de son passé. »

Père Hervé

RÉSURRECTION

« Ils avaient honte, se jugeaient indignes d'être aimés de Dieu, se demandaient encore s'ils appartenaient à l'humanité. Et puis ils découvrent dans le regard du prêtre un non-jugement, une non-condamnation. Cela leur redonne le pouvoir de vivre. »

Père Jean-Louis

COMPTEURS À ZÉRO

« Le pardon de Dieu ne se résume pas à la remise à zéro des compteurs. Il doit ouvrir l'avenir. »

Père Éric

MÉTHODE COUÉ

« Le péché, c'est de ne pas croire au pardon, de ressasser, de revenir systématiquement pour les mêmes faits qui ont déjà été absous. »

Père Vincent

LA FORCE DE L'ESPRIT SAINT

« J'ai des personnes délirantes, ayant parfois des hallucinations et suivies sur le plan psychiatrique, qui se confessent à moi. Mais grâce à la force de l'Esprit saint, elles sont capables de structurer leur discours durant la confession. »

Père Jacques

EN MARCHE

« La confession peut remettre debout. Mais la station debout n'est pas suffisante. L'objectif, c'est la marche. »

Père Thomas

CONFESSEUR GUÉRISSEUR

« Le fait d'être délié de son péché œuvre à la guérison profonde. Le confesseur est aussi un médecin, le confessionnal un hôpital. »

Père Thierry

DRÔLE D'ENDROIT POUR UNE RENCONTRE

Rien n'oblige un prêtre à confesser au chaud dans un confessionnal. Seule exigence : respecter le secret de la confession. Il doit donc se mettre en action là où les murs n'ont pas d'oreilles, là où il peut garantir l'intimité de la conversation. Dans un compartiment de train vide, dans la rue à l'écart du brouhaha, sur un banc public sans public... Tous les curés ont au moins une fois au cours de leur sacerdoce pardonné dans un lieu insolite. L'épidémie de coronavirus, qui a souvent condamné les bureaux de confession au chômage partiel, a incité certains clercs à faire preuve d'une grande originalité. Au printemps 2020 aux États-Unis, dans l'État du Maryland, le père Scott Holmer s'est ainsi mis à écouter le repentir de ses paroissiens sur le parking de son église. Assis dehors sur une chaise, il accordait le sacrement de réconciliation aux croyants cloîtrés dans la voiture tenue à une distance d'1,80 m. Et pour les fidèles désireux de conserver l'anonymat, il avait tout prévu : il se couvrait d'un bandeau ! Dans la France confinée aussi, au cœur du Limousin, un curé a innové en lançant la « drive-confession » sur le modèle du « drive-in » des fast-foods, permettant aux fidèles de rester au volant de leur « bagnole » stationnée devant l'édifice puis, une fois pardonnés, de poursuivre leur route. Mais alors quelle case cocher sur l'autorisation de sortie ? « Déplacements pour motif de santé », suggérait, un sourire en coin, le confesseur inventif.

Pour le clergé, qui se doit d'être toujours disponible, toutes les occasions sont bonnes pour confesser. En avril 2020, un prêtre de Virginie, sur la côte est des États-Unis a ainsi raconté comment il avait confessé un livreur de plats chinois à domicile. Une minute après avoir déposé le repas au presbytère, l'employé avait de nouveau sonné à la porte. Le bon pasteur avait cru à une erreur de commande. Mais en fait, le livreur précaire avait une requête particulière : *puis-je me confesser avant que vous mangiez ?* Le *padre* avait alors accepté, battant le fer tant qu'il était chaud pendant que son brocoli-poulet, lui, refroidissait.

DANS LES AIRS

« Dans l'avion en plein vol, une hôtesse de l'air a vu que j'étais prêtre. Alors elle m'a demandé si je pouvais la confesser au moment de sa pause. Nous sommes allés au fond de l'appareil. On a tiré les rideaux. Et j'ai fait ma première et seule confession en l'air. »

Père Christophe

CONFESSIONS NOCTURNES

« Il m'est arrivé de confesser à 2 heures du mat sur un banc durant le festival d'Avignon, à la sortie des derniers spectacles. »

Père Hubert

URGENCE VITALE

« Un vendredi soir, je devais rejoindre, dans un bar, mon frère qui fêtait son anniversaire. Sur le chemin, je croise, à une terrasse, une femme qui m'interpelle. Elle a vu, avec mon col romain, que j'étais prêtre. Elle me demande : *est-ce que je peux vous parler à l'écart ?* Elle voulait une confession immédiatement. Elle avait un très lourd péché à dévoiler… que je ne vous dévoilerai pas ! Et il fallait qu'elle l'avoue sur-le-champ. C'était un besoin urgent. Car le lendemain, elle allait manifester aux côtés des Gilets jaunes. Elle avait l'impression qu'elle allait prendre des risques, peur même, étonnamment, d'y laisser sa vie. Alors au cas où, elle a saisi l'occasion pour soulager sa conscience. »

Père Victor

ROCK'N ROLL

« J'ai confessé dans un grand festival de rock, face à la scène, une personne à une heure du matin. J'ai recommencé lors d'un rassemblement de motards. »

Père Grégoire

✝

AU VOLANT

« Sur un parking, un homme a remarqué que je portais une croix et m'a demandé : *êtes-vous prêt à entendre mes péchés ?* J'ai répondu : *aucun problème*. On s'est mis à l'abri dans ma voiture. Il était sauvé. Dans la vie, il n'y a pas de hasard. »

Père Antoine

AU COIN DE LA RUE

« Un jour en Italie, je me retrouve à faire la queue dans une boutique. Je paie. Mais de l'autre côté du comptoir, l'employé me fait signe de l'attendre à l'extérieur. Il voulait une confession. Pour lui, il y avait urgence. Mais pas de souci, je l'ai confessé dans un coin de la rue malgré mon piètre niveau en italien. »

Père Emmanuel

À DEMI-MOT

« J'ai confessé une personne malade dans sa chambre d'hôpital qu'elle partageait avec une autre patiente. Pour respecter le secret de la confession, je devais parler quasi silencieusement. Ce qui n'était pas simple car la dame avait 95 ans ! Je l'ai rassuré : *Dieu vous aime comme vous êtes*. Puis je lui ai vite donné l'absolution. »

Père Antoine

À QUAI

« Il m'est arrivé de confesser dans le métro. Mais sur le quai, pas dans la rame où le risque qu'on nous entende était trop élevé. Il ne faut jamais reporter à plus tard ce sacrement. Parce que dans deux heures, le croyant n'aura peut-être plus l'audace de franchir le pas. Et on rate alors un client ! J'ai aussi pardonné au volant, j'étais alors chauffeur et confesseur. »

Père Arnaud

À LA RAQUETTE

« À une époque, lors du pèlerinage de Chartres, les confessions pouvaient avoir lieu en chemin dans les champs. Je me souviens avoir vu des prêtres débarquer avec une raquette de tennis. Dans l'ancien Code de droit canon, il fallait une grille entre le confesseur et le pénitent dans le confessionnal. Le tamis de la raquette faisait office de grille. »

Père Roger

ANTISÈCHE

« Quand j'avais été ordonné, j'avais confié au Seigneur dans mes prières : *je veux que ce soit toi qui m'envoies vers ma première confession, tu me feras ce cadeau.* Une semaine se passe dans mon ministère de prêtre. Rien de spécial. Puis un jour, après avoir célébré un mariage, je prends le métro et au moment d'oblitérer mon ticket, un homme, qui a vu ma croix et mon col romain, m'interpelle : *mon père, je peux vous parler ?* Devant le tourniquet, il me raconte sa vie durant une demi-heure. Puis il me demande : *est-ce que vous pourriez me confesser ?* Mon premier réflexe dans ma tête, c'est : *zut, est-ce que je connais la formule ?* Heureusement, j'avais une antisèche dans mon veston. Je m'étais dit : *on ne sait jamais.* On est alors descendus sur le quai, on s'est placés à un angle. Et j'ai reçu pour la première fois une confession. J'étais très ému. Une grâce m'a été faite. Je lui ai donné l'absolution. Il a fondu en larmes, il a dévoilé un secret qui lui pesait sur le cœur. Il a bien fait de tenter le coup, j'ai été un déclencheur pour lui. Il m'a remercié : *c'est fantastique ce que vous avez fait, on voit que vous avez l'habitude !* »

Père Christophe

TGV

« J'ai confessé une fois dans le train ma voisine de siège. Et c'était cocasse. Car il y avait du monde dans le wagon. On devait rester discrets. Alors je parlais tout doucement. Cette dame était en train de décider de revenir à une vie religieuse, une pratique ecclésiale. »

Père Thomas

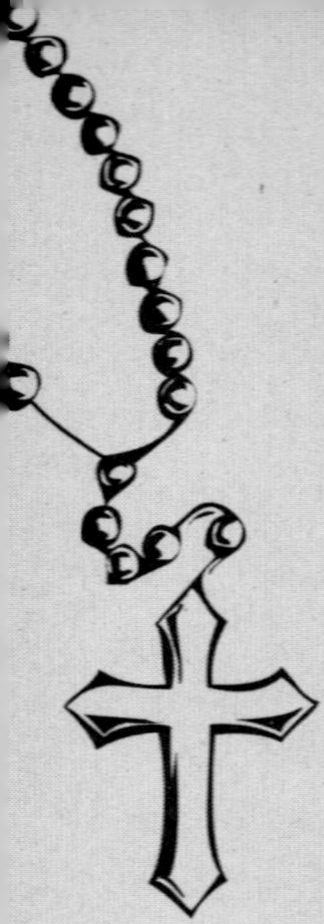

LES QUESTIONS QUE L'ON SE POSE : **LE B.A.-BA DE LA CONFESSION**

QUI A INVENTÉ LE CONFESSIONNAL ?

Pendant plusieurs siècles, il a été réduit à un simple banc inconfortable. Le prêtre y prenait place pendant que le pénitent, lui, se mettait à genoux. C'est au XVIe siècle qu'il est devenu le meuble liturgique propre à l'Église catholique que l'on connaît tous, assurant l'anonymat du pénitent. On doit alors sa forme à l'Italien Charles Borromée, cardinal-archevêque de Milan. L'ouvrage a été adoubé par le concile de Trente au milieu du XVIe siècle. Il est composé de trois compartiments séparés, chacun, par une cloison de bois. La loge centrale est réservée au prêtre avec un siège. Accessibles, souvent, en tirant un rideau, les deux loges latérales destinées aux pénitents sont dotées d'un agenouilloir – un prie-Dieu – et d'un crucifix. Le confesseur, après avoir fait glisser le portillon en bois, s'entretient avec le confessé à travers un guichet grillagé. Ce mobilier volumineux doit se trouver dans un endroit bien visible dans l'église mais en même temps un peu à l'écart. L'entrée de l'édifice, les bas-côtés ou les chapelles latérales ont les faveurs du clergé. Autrefois, il existait un confessionnal réservé à la gent masculine et un autre à la gent féminine afin d'éviter que les esprits ne se dissipent à l'heure du grand déballage. Les échanges avec le prêtre devaient y être murmurés. Quand un passant circulait dans l'allée, il était de tradition de se boucher les oreilles afin de respecter l'intimité des conversations.

POURQUOI LES CONFESSIONNAUX D'ANTAN SONT MIS AUJOURD'HUI AU REBUT ?

Les confessionnaux de grand-père et grand-mère ont pris un coup de vieux ! Ces dernières décennies, beaucoup ont été mis au rebut dans des chapelles ou même parfois carrément détruits. Après le concile Vatican II qui a révolutionné l'Église catholique dans les années 1960, ces vestiges de style baroque ou classique ont progressivement été remplacés par des petites cabines insonorisées, souvent vitrées, de la taille d'un cagibi. « Je confesse désormais à la vue de tous. Certains fidèles, exigeant une certaine discrétion, demandent tout de même à être reçus dans le confessionnal d'antan, parce qu'ils ne veulent pas être reconnus des autres paroissiens et du prêtre », précise le père Laurent. Le rite de la confession a été revu et corrigé, autorisant le face-à-face entre le curé assis sur sa chaise et le pénitent agenouillé, s'il le souhaite, sur le prie-Dieu. La modernité est passée par là. À l'entrée de ces bureaux des aveux, un voyant lumineux a parfois fait son apparition. Il est rouge pour indiquer au fidèle qu'un prêtre a déjà du pain sur la planche et vert pour lui signaler qu'il est prêt à tout entendre. L'usage, lui, du confessionnal d'autrefois est parfois détourné de ses « fonctions initiales », théâtre de nombreuses transgressions inavouables. « On y a surpris des trafics de drogue ou des couples venant assouvir un fantasme », raconte le père Laurent.

PEUT-ON CONFESSER ENTRE QUATRE PLANCHES DE CONTREPLAQUÉ ?

Sans problème. En 2011, durant toute la durée des Journées mondiales de la jeunesse à Madrid, deux cents confessionnaux éphémères en plein air, composés de larges pans de contreplaqué blanc, ont été dressés dans le parc du Retiro, en plein cœur de la ville pour la Fête du pardon. Et ils n'ont pas désempli, animés, dans plus de 30 langues, par des centaines de prêtres et évêques de tous pays. Le pape Benoît XVI en personne y a administré le sacrement, soulageant la conscience de quatre jeunes pèlerins, deux Français, une Suisse-Allemande et une Espagnole. Depuis les JMJ de Paris en 1997, la confession est systématiquement à l'honneur lors de ces immenses rassemblements.

COMMENT SE LIBÉRER D'UN POIDS EN PLEIN CONFINEMENT SANS PRÊTRE À PORTÉE D'OREILLES ?

Lors de l'épidémie de coronavirus, les attestations de déplacement dérogatoire distillées par le ministère de l'Intérieur en période de confinement n'ont pas programmé de bon de sortie pour se décharger d'un péché ! Mais le Vatican, lui, a prévu ce cas de figure. À défaut d'avoir un prêtre à portée d'oreilles, on peut exceptionnellement s'adresser directement au Créateur pour bénéficier de la grâce divine comme l'a rappelé François lors d'une messe dans sa résidence Sainte-Marthe en mars 2020. « Si tu ne trouves pas de prêtre pour te confesser, parle avec Dieu, il est ton Père, et dis-lui la vérité : *Seigneur, j'ai manigancé ceci, cela*. Puis demande-lui pardon de tout ton cœur, avec l'acte de contrition et promets-lui : *je me confesserai plus tard, mais pardonne-moi maintenant*. Et tu reviendras immédiatement dans la grâce de Dieu », a ainsi garanti le souverain pontife, puisant dans les articles 1451 et 1452 du Catéchisme de l'Église catholique. C'est ce qu'on appelle une « confession de désir ». Le pécheur doit montrer qu'il « désire » se réconcilier avec le Christ au plus profond de son cœur. Pour faire acte de contrition de manière isolée, il faut éprouver « une douleur de l'âme et une détestation du péché commis, avec la résolution de ne plus pécher à l'avenir ». « Notre âme redeviendra alors blanche comme neige », décrit le pape.

Le fidèle, qui prendra le temps de lire un évangile, s'engage ensuite à rencontrer un prêtre dès qu'il en aura l'opportunité afin d'accéder au sacrement en bonne et due forme.

Au moment du confinement, de rares paroisses continuaient d'assurer les confessions « physiques » avec un prêtre. Mais pas question de chuchoter ses déviances à l'oreille du clergé. Une distance d'au moins deux mètres devait absolument être respectée. L'enfermement a visiblement renforcé certains péchés et en a limité d'autres. « Il y avait plus d'engueulades familiales, de tensions au sein du couple. Mais j'ai entendu beaucoup moins d'infidélités », divulgue le père Christian. C'est que monsieur comme madame n'ont jamais autant été sous surveillance ! L'un de ses confrères a, lui, repéré un autre phénomène : la réapparition, « surtout chez les hommes », de « vieux péchés » liés à la pornographie qui avaient pourtant été surmontés mais qui ont resurgi en plein confinement.

L'ABSOLUTION COLLECTIVE A-T-ELLE LA BÉNÉDICTION DU VATICAN ?

Oui, même si elle est décriée aujourd'hui par une grande partie du clergé. Au départ, ce rite ambitionnait de dépoussiérer la traditionnelle confession jugée dans les années 1960 moralisatrice, répétitive, forcée voire traumatisante par les pécheurs sommés d'égrener leurs fautes à travers une grille. Dans la foulée du concile Vatican II (1962-1965) et de l'ouverture de l'Église, un nouveau rituel « de la pénitence et de la réconciliation » a été promulgué en 1973. Parmi les quatre formules de sacrement reconnues officiellement figure « la célébration communautaire avec absolution collective ». Dans ce cas, il n'est plus question d'avouer individuellement ses écarts à un prêtre. Lors d'une cérémonie, tous les fidèles sont pardonnés par le curé. « On posait la main sur la Bible et, hop, c'était fait ! », explique le père Pierre. Or, ce nouveau visage de la confession a été pensé pour être « exceptionnel », utilisé par exemple si une grande assemblée entend se confesser mais que le nombre de confesseurs est très insuffisant ou en cas de guerre et de catastrophe naturelle. Mais ce qui devait être

« exceptionnel » est rapidement devenu « ordinaire ». De nombreux prêtres y ont recours comme on célèbre une messe. Succès populaire garanti ! On se rue dans les églises lesté d'un poids et on en ressort allégés sans avoir eu besoin de se répandre, quel miracle ! Mais au bout de quelques années, des voix, en particulier épiscopales, commencent à s'élever pour dénoncer une démarche bien trop simple, en contradiction avec le principe de l'aveu individuel des fautes. Après le synode des évêques de 1983 réaffirmant la forme individuelle de la confession comme la pratique habituelle et traditionnelle dans l'Église, elle retrouve un caractère exceptionnel. « Mais les anciens ont pris l'habitude de cette facilité. Alors beaucoup la regrettent », observe le père Bertrand, soulignant que « la confession est une rencontre individuelle durant laquelle on vide notre sac ». En 2002, le pape Jean-Paul II rappelle que c'est seulement en « cas de grave nécessité » qu'il est légitime de recourir à l'approche communautaire. De nos jours, très rares sont les paroisses à braver les consignes venues de Rome. En mars 2020, l'absolution collective des péchés est revenue sous les feux de l'actualité en pleine épidémie de coronavirus, retrouvant l'usage de son esprit originel lors de « circonstances exceptionnelles », notamment « un danger de mort imminent ». Le Saint-Siège l'a autorisée dans les endroits les plus en proie à la maladie. Concrètement, dans un contexte de Covid-19, elle peut se faire à l'entrée des hôpitaux dans lesquels sont soignés des patients très grièvement atteints, « en utilisant un haut-parleur pour se faire entendre ». Au contact des fidèles, le prêtre-confesseur doit, bien évidemment, porter un masque de protection.

ULTIMES AVEUX AVANT LE DERNIER SOUFFLE

Un catholique, à l'article de la mort, ressent souvent l'envie de se libérer d'un péché jamais confessé. La célébration de l'extrême-onction (ou onction des malades) qui consiste, notamment, à appliquer de l'huile sainte sur le front et les mains du croyant, doit être précédée, dans la mesure du possible, d'une confession individuelle. Si le mourant, inconscient par exemple, n'a pas la force de recevoir ce sacrement de la réconciliation, il pourra tout de même être pardonné grâce à l'onction des malades qui a comme effet d'effacer tous les péchés oubliés ou qu'il serait impossible de confesser.

INDÉSIRABLE

« J'ai entendu un père à l'agonie me dire : *je n'ai jamais su aimer ma fille, jamais su lui donner de l'affection, c'était une enfant non désirée.* »

Père Marc

ENFANT CACHÉ

« Sur son lit de mort, un homme qui pouvait paraître très exemplaire m'a avoué un enfant caché. J'y ai vu un effet immédiat, la paix s'est installée sur son visage qui était alors apaisé, dans l'acceptation de la mort. »

Père Antoine

BÂTARD

« Lors du sacrement des malades en fin de vie, les confessions sont très profondes. Les pénitents révèlent des vies parallèles, des échecs dans la relation avec les enfants, des secrets de famille, l'existence d'un bâtard. Ils savent que ces fautes les mettent en porte à faux avec leur foi, c'est l'ultime moment pour en parler. »

Père Vincent

PROLONGATIONS

« Les derniers mots de vérité, c'est bouleversant. Se reconnaître pécheur, c'est une demande de salut, de liberté. J'ai été appelé par des malades qui devaient mourir d'une heure à l'autre mais qui, trois mois après, étaient toujours en vie. »

Père Jean

SÉRÉNITÉ

« J'ai été sollicité pour donner le sacrement des malades à une femme qui avait le cancer et était condamnée. On a commencé par la confession. Cela faisait très longtemps qu'elle n'en avait pas fait. Son péché, c'était de ne pas parvenir à pardonner son ex qui l'avait quittée. Juste avant de mourir, elle a réussi à lui pardonner et je lui ai donné l'absolution. Elle est partie très sereine. »

Père Grégoire

IN EXTREMIS

« Sur son lit de mort, une personne a tenu, dans le cadre de la confession, à me révéler qu'elle avait subi des abus sexuels durant son enfance. Elle ne l'avait jamais dit auparavant. »

Père Michel

CÉLESTE

« Au soir de sa mort, le pénitent relit sa vie et révèle des choses douloureuses pour la première fois depuis longtemps. C'est impressionnant d'humanité. On ouvre alors les portes du ciel. »

Père Hervé

RÉVÉLATIONS

« J'ai confessé une très vieille dame sur son lit de mort, quand j'étais tout jeune prêtre. Elle avait subi un avortement lorsqu'elle avait 16 ou 17 ans. Elle ne s'en était jamais remise, elle pensait qu'elle était une femme épouvantable. »

Père Benoît

ANTIDOTE

« Lorsque j'étais aumônier en soins palliatifs, j'ai rencontré des fidèles qui avaient coupé les ponts avec l'Église et qui appelaient à une confession salvatrice : *mon père, je ne voudrais pas mourir avec mon péché sur le cœur, j'ai couché avec une femme qui n'était pas la mienne il y a quarante ans, j'ai honte*. L'approche du dernier souffle pousse à poser un acte de réconciliation. L'absolution provoque un apaisement très profond, une telle détente chez des malades en fin de vie. C'est un remède qui échappe aux médecins. *Mais qu'est-ce que vous lui avez fait ?* me demande souvent la famille. Je réponds : *une confession, tout simplement !* »

Père Patrick

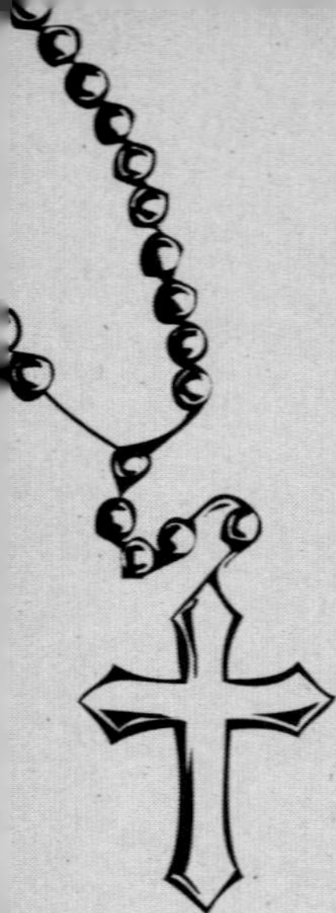

LES QUESTIONS QUE L'ON SE POSE : **LE B.A.-BA DE LA CONFESSION**

UN MALADE DU COVID-19 PEUT-IL ÊTRE PARDONNÉ DE SES PÉCHÉS AVANT DE RENDRE L'ÂME ?

Dans les hôpitaux, les prêtres-aumôniers n'ont pas été autorisés à entrer dans la chambre des patients gravement touchés par l'enfer de la pandémie. Alors, comment offrir le pardon aux mourants ? Dans un décret datant de mars 2020, la Pénitencerie apostolique, l'un des tribunaux de la Curie romaine, a décidé d'accorder à ces croyants « l'indulgence plénière » à condition qu'ils soient « dûment disposés » et qu'ils aient récité « quelques prières de leur vivant ». Ils peuvent donc partir en paix et recevoir le pardon sans avoir besoin de rencontrer physiquement un prêtre. L'indulgence plénière est encore plus forte que l'absolution, puisqu'elle efface les « peines temporelles », c'est-à-dire les réparations imposées à l'âme avant son entrée au Paradis, ce que n'offre pas le sacrement de réconciliation.

PEUT-ON SE CONFESSER DES DÉCENNIES APRÈS SA DERNIÈRE ABSOLUTION ?

Oui, l'Église ne fait pas la fine bouche à l'heure où les fidèles sont une espèce en voie de disparition. Chez les pénitents, il y a les habitués, les occasionnels et... les néophytes, ceux qui ne se sont pas confessés depuis leur première communion, autrement dit une éternité. Trente, quarante, cinquante ou soixante ans après leur dernière absolution, ils renouent avec le sacrement de réconciliation. Les prêtres les accueillent les bras ouverts. « Ils se sont éloignés du sacrement car ils en ont un mauvais souvenir. Mais quand ils reviennent, ils sortent leurs tripes. Ce sont des confessions de conversion, avec retour au Christ. Ils demandent pardon à Dieu lui-même pour lui avoir tourné le dos, ne pas lui avoir été fidèles », décrit le père Franck. « Il faut savoir répondre présent, saisir le gros poisson avec un gros péché quand il se jette à l'eau », poursuit-il. Visiblement, il faut également le guider. « On le sent perdu. Il ne sait pas ce qu'il doit faire. Il demande : *Quand est-ce que je dois parler ?* », relate-t-il. « Il va aussi se retourner au lieu de se mettre à genoux », brosse son collègue, le père Stanislas.

LE *MEA CULPA* DU CLERGÉ

Il existe des bons et des mauvais confesseurs comme on croise dans les bois des bons et des mauvais chasseurs. Offrir le sacrement de réconciliation est tout un art. « Le confessionnal n'est pas une teinturerie qui ôte les taches des péchés, ni une séance de torture où l'on inflige des coups de bâton », prévient le pape François. « Nous ne sommes pas des inquisiteurs », valide le père Laurent. Mais même avec le coup de pouce du Tout-Puissant, des prêtres n'ont pas forcément le don du pardon et battent d'ailleurs volontiers leur coulpe. Dans le passé, certains, adoptant un ton moralisateur et culpabilisant, ont traumatisé toute une génération de fidèles. Des aïeux crucifiés par leurs pairs aujourd'hui.

POINÇONNEUR

« L'Église a fait croire que la confession était le ticket de métro pour aller communier. Les curés ont répété des décennies durant qu'il fallait être en état de grâce pour accéder à l'Eucharistie et prendre un ticket à chaque peccadille. C'est prendre Dieu pour un poinçonneur et les fidèles pour des girouettes. »

Père Alexis

TRIBUNAL

« Il y a des gens qui ont été meurtris par la confession parce qu'on leur a fait la leçon de manière inappropriée : *vous n'avez pas honte !* Il ne faut pas transformer le confessionnal en un tribunal. »

Père Jean

OREILLE

« Si le curé fait mal son boulot, s'il est antipathique, ça n'a aucune espèce d'importance. Celui avec qui le pénitent parle, c'est toujours le Christ. Moi, je suis seulement l'Église qui écoute. »

Père Vincent

SORTIR LA TÊTE DE L'EAU

« Mon but, c'est de relever la personne. Si elle sort plus triste qu'elle n'est arrivée dans le confessionnal, il faut que je change de métier. À Lourdes, j'ai vu des gens sortir en pleurant. C'est grave. Ce n'est pas le job du curé d'enfoncer le clou. »

Père Cédric

J'AVOUE

« On a probablement manqué, ces cinquante dernières années, d'une pédagogie du mal. »

Père Thomas

DEBOUT

« On accompagne, on ne dirige pas. Il faut être extrêmement prudent, ne surtout pas tomber dans le panneau d'une conduite tellement dictée qu'elle écrase la liberté du pénitent. La personne, aussi pécheresse soit-elle, doit ressortir debout après avoir été à terre. »

Père Hubert

CURIOSITÉ MALSAINE

« Un prêtre peut être maladroit, avec des élans de curiosité malsaine. »

Père Franck

ÉCLAIRER L'OBSCUR

« Avant d'aller écouter les confessions, je prie pour que Dieu m'aide à discerner, à faire preuve de charité patiente, à être juste, à éclairer ce qui est obscur et à ce que je ne traîne pas en entretien inutile. »

Père Arnaud

FEU DE JOIE

« Quand j'étais gamin, le curé nous disait : *je vous fais une liste et vous cochez les cases (j'ai refusé d'obéir à mes parents, de partager mon goûter)...* C'était atrocement moralisant. Entre nous, on se demandait avant de passer : *t'as mis quoi ?* Moi, j'inventais un truc. À la fin, le prêtre ramassait tous les papiers, rassemblait les gosses sur le parvis de l'église et faisait un grand feu de joie. Le curé s'exclamait alors : *ça y est, tous les péchés sont effacés !* »

Père Alexis

NEUTRALITÉ

« J'ai la tête baissée, les oreilles grandes ouvertes. Je ne regarde jamais le pénitent dans les yeux, je ne veux surtout pas qu'il puisse aller voir dans mon regard, qui peut nuire à l'espace de liberté, un soupçon de jugement. »

Père Hubert

ABUS DE POUVOIR

« Il y a eu des abus de pouvoir lorsque l'Église avait la prétention de contrôler les populations. Mais la régulation des mœurs, c'est fini ! »

Père Gérard

ÉGLISE INTRUSIVE

« Le confessionnal, c'est le lieu où l'Église a orienté les consciences, tenté de s'immiscer dans la vie des paroissiens. »

Père Patrick

JAMAIS DE QUESTION

« La confession n'est pas une séance de psychanalyse. Moi, je ne pose jamais de question car celle-ci pourrait être chargée de reproche. Je reçois simplement une vérité. »

Père Daniel

ADIEU

« Des croyants, qui avaient une confiance totale en l'Église ont abandonné toute pratique religieuse à cause d'une confession ratée. »

Père Roger

IMPASSIBLE

« Je ne sourcille pas devant des faits graves qui ont longtemps été enfouis, je ne vais pas en rajouter. »

Père Thierry

« CHAQUE RENCONTRE EST UNIQUE »

« Je suis attentif à ne pas tomber dans l'autoritarisme et la routine. La tentation est pourtant grande. Il faut se dire qu'à chaque fois, la rencontre est unique ! »

Père Christophe

MAINMISE

« Il y a soixante ans, quand j'étais gamin, les fidèles pouvaient se confesser pendant la messe en semaine. À l'époque, il y avait beaucoup de prêtres. La moitié des femmes sortaient du confessionnal en pleurs, cette mainmise du clergé sur leurs mœurs m'a beaucoup marqué. Les hommes, eux, ne se confessaient pas. »

Père Alexandre

RENDRE GRÂCE

« La confession n'est pas un exercice de culpabilisation. On a le droit de dire ce qui va bien, on peut rendre grâce. »

Père Vincent

LES QUESTIONS QUE L'ON SE POSE : **LE B.A.-BA DE LA CONFESSION**

COMMENT S'ASSURER QUE SON CONFESSEUR N'EST PAS UN IMPOSTEUR ?

En lui demandant, très poliment, de présenter sa carte d'identité de prêtre appelée « celebret » et prononcée « célébrette ». Ce document officiel, délivré par l'autorité ecclésiastique via le chancelier, assure qu'il exerce bien le métier de clerc et lui permet de célébrer tous les sacrements en dehors de sa paroisse ou de son diocèse où il n'est pas connu des fidèles sauf, bien sûr, à être le pape ! Ce papier va ainsi être utile lors des pèlerinages à Lourdes, La Salette ou Taizé comme lors des grands rassemblements à l'étranger à l'image des Journées mondiales de la jeunesse. De même que tout citoyen peut exiger du journaliste sa carte de presse ou du « flic » sa carte de policier, chaque fidèle est donc en droit de demander à l'homme d'Église le sésame portant le sceau de son diocèse d'attache ou de sa communauté religieuse. Dans les faits, la plupart des pénitents, généralement dans leurs petits souliers, n'osent pas le faire. Les rubriques de faits divers prouvent pourtant qu'ils devraient se montrer parfois prudents. Car il est arrivé ces dernières décennies qu'un faux prêtre soutire des aveux (et souvent de l'argent) à des catholiques crédules. Le plus capé se nomme Edmond Romano, ou plutôt Don Romano comme il aimait s'afficher. Pendant plus de trois décennies, ce sexagénaire inséparable de son bréviaire s'est fait passer pour un ecclésiastique dans plusieurs villes hexagonales. Et pas n'importe lequel, jurant être un secrétaire du Vatican proche du Saint-Père. Dès qu'il parvenait à berner les curés en fonction, il n'hésitait pas à procéder au sacrement de la réconciliation avec leurs paroissiens. Le dernier fait d'armes connu de ce multirécidiviste remonte à 2018, année où il a été condamné à deux ans de prison par le tribunal correctionnel de Toulon pour escroquerie. En 1998, le journal *Libération* narrait déjà ses filouteries en soutane, lui décernant le titre de « fripouille de bénitier » qui « séduit les pigeons et plume les ouailles ». L'histoire ne dit pas s'il s'est confessé de cette imposture. Ce qui est sûr, c'est qu'à l'époque, il n'avait pas fait pénitence pour retrouver le droit chemin.

QUI EST LE CONFESSEUR LE PLUS SAINT ?

C'est, sans conteste, le curé d'Ars Jean-Marie Vianney, prêtre dans la célèbre paroisse de l'Ain durant 41 ans au XIXe siècle. Il était d'une bienveillance extrême à l'égard des pécheurs. La légende raconte que ses jardins abritaient les plus beaux pommiers du village. Une nuit, lors de la saison des récoltes, un chapardeur lui piqua ses fruits. Mais plutôt que d'être à l'affût ou de grillager son verger, le bon père, disparu en 1859, décida de couper ses arbres histoire d'empêcher les voleurs de commettre un péché. Toute l'existence de ce saint a été hantée par le salut. « La vie de Jean-Marie Vianney s'est passée dans le confessionnal », résume son biographe l'abbé Alfred Monnin. « Sans le sacrement de pénitence, on serait bien à plaindre », répétait le

Dieu du pardon qui fut nommé patron de tous les curés de l'Univers par le pape Pie XI en 1929. Avec la lutte contre le travail dominical dans les champs, les danses et les cabarets qui faisaient de l'ombre à la messe, il en a fait l'une de ses priorités, exhortant sans cesse ses paroissiens à se repentir. « Ah ! si je pouvais me confesser pour eux », espérait-il. Les pèlerins venaient de très loin pour s'agenouiller dans sa boîte sombre. Il avait la réputation d'exiger des pécheurs de très légères réparations, prenant pour lui la peine : « Je leur donne une petite pénitence et je fais le reste à leur place. » Il croyait plus que tous ses homologues à la rédemption, même pour les serviteurs de Dieu en proie aux déviances. « Les saints n'ont pas tous bien commencé, mais ils ont tous bien fini ! », s'amusait-il. L'ancien petit paysan était le maître incontesté des jolies formules en matière de confession. Petit florilège :

« Ce n'est pas le pécheur qui revient à Dieu pour lui demander pardon ; mais c'est Dieu lui-même qui court après le pécheur et qui le fait revenir à lui. »

« Vous pouvez tromper votre confesseur, mais rappelez-vous bien que vous ne trompiez pas le bon Dieu, qui voit et connaît vos péchés mieux que vous. »

« La miséricorde de Dieu est comme un torrent débordé, elle entraîne les cœurs sur son passage. »

« Il y en a qui disent : *j'ai trop fait de mal, le Bon Dieu ne peut pas me pardonner*. C'est un gros blasphème. C'est mettre une borne à la miséricorde de Dieu, et elle n'en a point : elle est infinie. »

« Vos fautes sont des grains de sable à côté de la grande montagne de la miséricorde de Dieu. »

« Le bon Dieu au moment de l'absolution jette nos péchés par-derrière ses épaules, c'est-à-dire qu'il les oublie, il les anéantit : ils ne reparaîtront plus jamais. »

« Quand le prêtre donne l'absolution, il ne faut penser qu'à une chose, c'est que le sang du Bon Dieu coule sur notre âme pour la laver, la purifier et la rendre aussi belle qu'elle était après le baptême. »

« Travailler le dimanche : de tous les péchés, c'est celui qui est le plus capable d'attirer sur nous la gelée, la grêle, les inondations, la stérilité, le choléra et toutes les autres épidémies. »

LES MENSONGES À L'HEURE DE VÉRITÉ

C'est une scène imaginée par Marcel Pagnol dans la trilogie marseillaise *Marius, Fanny* et *César*. Dans sa chambre, Honoré Panisse, le prospère maître voilier du Vieux Port que l'on croit à l'article de la mort, se confesse au curé Elzéar Bonnegrâce. « Mon père, je m'accuse d'avoir commis le péché de mensonge », avoue le bon buveur de Pastis. « Souvent ? », interroge le prêtre. « Continuellement », répond, sans exagérer, le pénitent. « Enfin, je veux dire plusieurs fois par jour. En jouant aux boules par exemple. Ou en revenant de la pêche ou de la chasse. Et surtout, surtout, avec la clientèle. Tu comprends, Elzéar, s'il faut toujours dire la vérité à la clientèle, il n'y a plus de commerce possible. », défend-il. Comme Honoré Panisse, rompu aux menteries du Midi, les catholiques sont des millions à confesser un petit ou grand mensonge qui consiste « à dire le faux avec l'intention de tromper » selon saint Augustin.

« Le mensonge (parce qu'il est une violation de la vertu de véracité) est une véritable violence faite à autrui. Il l'atteint dans sa capacité de connaître, qui est la condition de tout jugement et de toute décision », prévient le Catéchisme de l'Église catholique.

EXCUSE BIDON

« J'ai entendu : *j'ai menti à mes parents, je ne voulais pas passer Noël avec eux alors j'ai dit que je n'étais pas là.* »

Père Jacques

CIRCONSTANCES ATTÉNUANTES

« Un fils d'une dame âgée, qui connaissait la réalité du diagnostic du médecin concernant sa maman, m'a confié : *je n'ai pas dit à ma mère qu'elle avait en réalité un cancer*. Il s'agit-là d'un mensonge de protection, un péché avec circonstances atténuantes. »

Père Franck

MENTIR ET MENTIR

« Un avocat m'a confessé avoir menti pour défendre son client. Mais est-ce vraiment un péché ? Il ne mentait pas effrontément. Il y a mentir et mentir. »

Père Roger

DÉSOBÉISSANCE

« Les péchés des enfants sont toujours les mêmes : mentir et désobéir. »

Père Christophe

REINE DES NEIGES

« C'est l'une des confessions qui m'a le plus marqué. J'étais jeune curé. Une fille de 10-12 ans m'a avoué être prisonnière de ses mensonges. C'est extrêmement aliénant de cacher la vérité à quelqu'un à qui on la doit, dans le but de tromper. Elle en souffrait. Le pardon l'a complètement libérée, elle était déliée, elle en a pleuré et est ressortie avec le sourire. »

Père Paul

AFFABULATEURS

« Je me demande parfois si ce que disent les pénitents est vrai. On ne peut évidemment pas vérifier. On croise forcément des affabulateurs. Un jour, j'ai confessé une dame qui prétendait avoir été infirmière pendant la guerre du Kosovo. Elle avait vécu plein de trucs incroyables. Je l'ai écoutée bien sûr. Mais j'avais beaucoup de doutes. »

Père Michel

MON PÈRE, J'AI RATÉ LA MESSE !

Le Jour du Seigneur est sacré. Tout chrétien a le devoir d'assister à l'office dominical. Selon le Catéchisme de l'Église catholique, « les fidèles sont tenus par l'obligation de participer à la messe le dimanche » mais aussi les autres jours de fête à l'instar de Pâques, Noël, la Pentecôte, la Toussaint... Ils sont également « obligés de participer à l'Eucharistie », « à moins d'en être excusés pour une raison sérieuse (par exemple la maladie, le soin des nourrissons) ou dispensés par leur pasteur propre ». « Ceux qui délibérément manquent à cette obligation commettent un péché grave », admoneste le texte de commandement des catholiques. Autre raison contemporaine d'absence justifiée et autorisée : une pandémie de coronavirus. En mars 2020, l'archevêque de Paris, Mgr Michel Aupetit a ainsi purement et simplement « dispensé » les ouailles « de l'obligation dominicale ».

Le non-respect de cet impératif religieux, même pour un réveil tombé en panne, occupe régulièrement les confessions, surtout si le pénitent a les cheveux grisonnants. La paresse en matière de prières est également un copieux sujet de conversation comme la crise de foi. Le pape François attend pourtant des fidèles un engagement spirituel sans faux-semblant : « Le scandale, c'est de professer un style de vie où l'on prône *Je suis chrétien* tout en menant une existence de païen qui ne croit à rien... »

GUEULE DE BOIS

« C'est un péché de jeune : *j'ai fait la bringue le samedi soir, je n'ai pas pu me rendre à la messe, j'avais la gueule de bois, j'ai préféré opter pour la grasse matinée*. Il y a aussi ceux qui sont cloués au lit à cause d'une vilaine grippe et qui confessent un manquement. Là, c'est absurde. »

Père Laurent

AILLEURS

« Les pénitents me disent parfois : *lors de la messe, j'ai été distrait par mes angoisses, par un bruit de fond. Pendant le sermon, je pensais à autre chose.* Je les rassure toujours : *ne vous inquiétez pas, ce n'est pas un péché, revenez vers Dieu dans la prière.* »

Père Olivier

CURÉ À LA CARTE

« Une Parisienne m'a confessé ne pas supporter son curé. Pour rigoler, je lui ai répondu : *mais vous êtes à Paris, vous pouvez avoir un curé à la carte à Notre-Dame, à Saint-Sulpice, au Sacré-Cœur...* »

Père Antoine

SATANISTE

« Un pénitent m'a avoué faire appel à des forces occultes, vouer un culte à Satan plutôt qu'à Dieu. »

Père Christophe

EXCÈS DE ZÈLE

« La culpabilité dépasse parfois les bornes. J'ai entendu : *je n'ai pas pu aller à la messe car ma femme venait d'accoucher*. Ou encore : *j'ai pris l'avion à destination du Brésil, il n'y avait pas de messe en France avant le décollage et pas également à Rio quand j'ai atterri, je n'ai donc pas pu y aller.* »

Père Patrick

CONTESTATION

« Certains ne prennent plus le temps de prier et mettent en doute leurs convictions religieuses. Se poser des questions, c'est un très bon signe de vitalité. Mais quand le doute devient systématique, quand on commence à nier l'existence de Dieu, là, c'est un péché grave. »

Père Laurent

FLEMMARDISE

« Une pénitente en milieu rural m'a dit : *il fallait faire plusieurs dizaines de kilomètres pour aller à la messe du dimanche à 10 heures, j'ai eu la flemme, alors je n'y suis pas allée.* »

Père Jacques

DROIT CHEMIN

« J'assiste à beaucoup de confessions de conversion. J'entends : *j'ai mené une vie de patachon durant une longue période d'abandon, sans la dimension de la foi, loin de Dieu. Comme il était absent de mon existence, j'ai fait des bêtises, n'importe quoi. Mais maintenant, je veux me rapprocher du Seigneur, je retrouve une ferveur religieuse.* »

Père Didier

RENONCEMENT

« Des parents confessent : *on allait à la messe chaque dimanche quand les enfants étaient petits mais là, on a abdiqué*. J'ai aussi entendu : *je n'y vais pas car l'homélie est emmerdante*. Bon heureusement, ce n'était pas l'un de mes paroissiens ! »

Père Vincent

JUSTE PLACE

« Le rythme de nos vies nous empêche parfois de nous arrêter pour prier. Prendre du temps gratuitement pour le Seigneur est déjà un combat pour beaucoup. Le péché, c'est de ne pas avoir mis le bon Dieu à sa juste place. »

Père Hervé

MADAME SOLEIL

« Le recours à la voyance apparaît au cours de confessions de fidèles âgés entre 40 et 50 ans. C'est un péché car ils ne font pas confiance en Dieu. »

Père Grégoire

AMEN

« Un fidèle a reconnu : *il m'arrive de prononcer des prières de façon machinale sans penser aux paroles*. En pénitence, je lui propose de prier simplement le mot Amen, de se mettre en présence de ces quelques lettres. »

Père Thomas

ENTRE FOI ET RAISON

« Certains rendent compte d'un conflit intérieur entre foi et raison : *mon père, je suis un bon chrétien mais je suis aussi un scientifique, alors la résurrection, tout ce que l'Église raconte sur la Création, je n'y crois pas.* »

Père Olivier

CATHO FANTÔME

« Le non-témoignage est un péché récent : *je n'ai pas osé dire que j'étais chrétien, j'ai eu peur de m'afficher catho.* »

Père Christian

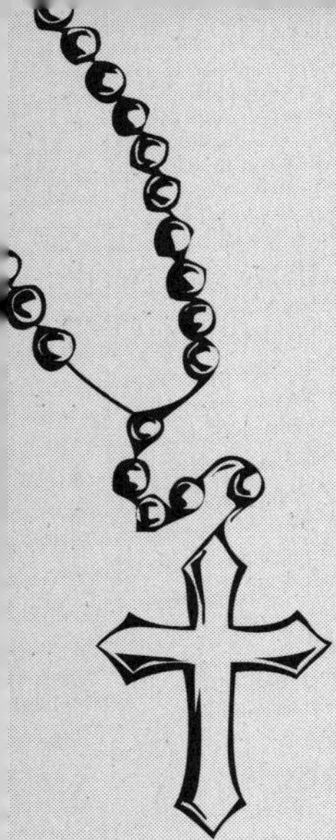

LES QUESTIONS QUE L'ON SE POSE : **LE B.A.-BA DE LA CONFESSION**

COMMENT SE PROTÉGER DU CORONAVIRUS DANS UN CONFESSIONNAL ?

À la cathédrale de Cambrai (Nord), une petite cloison en plexiglas, offerte par la mairie, s'est invitée entre le prêtre et le pénitent pour des aveux en toute transparence. Malgré cette protection, les vices des pécheurs n'étaient pas impénétrables ! Dans les églises hexagonales, le confessionnal étroit, à l'ancienne ou modernisé avec une porte vitrée et sans grille, a été mis au chômage partiel au profit des chapelles latérales ou des salles de presbytère. En s'assurant, bien sûr, du respect de la confidentialité et des gestes barrières. Au plus fort de la pandémie à Saint-Louis d'Antin à Paris, les boxes qui, en temps normal, faisaient office de confessionnaux ont été délaissés au profit du spacieux bureau d'accueil. Les horaires et le nombre de confesseurs ont été considérablement réduits. Le clerc et le pécheur étaient masqués et se parlaient à deux mètres environ l'un de l'autre. Lors de l'absolution, l'imposition des mains, geste rituel de bénédiction, s'effectuait à bonne distance, à un mètre au moins du front du croyant. À Notre-Dame-des-Victoires, toujours dans la capitale, le dialogue dans une pièce vitrée était moins discret que d'habitude. En raison du masque, l'échange était également plus bruyant. Alors il était demandé aux pénitents suivants de patienter dix mètres plus loin afin de respecter rigoureusement le secret de la confession.

UN PÉNITENT PEUT-IL CHOISIR LIBREMENT SON CONFESSEUR ?

Oui, dans l'Église catholique, on n'en est pas encore au confesseur-traitant. Le fidèle a l'entière liberté de recevoir, au nom de Dieu, le pardon du prêtre de sa paroisse, de l'abbé croisé lors d'un pèlerinage à Lourdes ou d'un clerc officiant à l'autre bout de la France ou... du monde. Tout est une question de goûts et d'habitudes, cela ne se discute pas. Grâce au bouche-à-oreille, certains prêtres populaires sont plus sollicités que d'autres. « Une paroissienne m'a dit : *quand vous étiez curé, je vous trouvais sévère. Et puis maintenant, ça va, je dis aux gens que vous confessez bien, et je vous envoie des clients !* », apprécie le père Pierre. Certains baptisés préfèrent se tourner vers un curé qu'ils connaissent bien, d'autres, à l'inverse, sont mal à l'aise pour évoquer leurs conduites olé-olé avec l'homme qu'il côtoie, en famille, chaque dimanche à la messe. « Quand on connaît le prêtre, c'est plus difficile, il y a toujours de l'amour-propre », expose le père Arnaud. « Beaucoup cherchent une oreille attentive sans être reconnus », observe, de son côté, le père Laurent. « Les trois quarts des pénitents que je confesse sont des inconnus. Dans les grandes villes, ils aiment zapper de confesseur », poursuit le père Denis. Dans tous les cas, les fidèles doivent soulager leur conscience auprès d'un prêtre, d'un évêque, voire, s'ils sont très ambitieux, le pape en personne, pour qui la confession, de par leur sacerdoce, est le domaine réservé. Ils ne peuvent révéler leurs secrets à une religieuse ou un diacre. Ce dernier, autorisé à baptiser, bénir un mariage ou célébrer des funérailles, n'a pas le pouvoir de confesser, tout comme il n'a pas le droit de dire la messe ou de donner l'onction des malades.

PEUT-ON DÉNICHER UN CONFESSEUR SUR UNE APPLI ?

Oui, sorte d'Uber de la confession made in France née en 2016, GoConfess est une application qui, grâce à un système de géolocalisation, met en relation un fidèle et un prêtre disponible rapidement dans les parages pour lui donner le sacrement de la réconciliation. En revanche, il n'est pas possible de sélectionner son curé qui, sur l'écran, apparaît incognito. L'appli, destinée à dépoussiérer la confession, « garantit l'anonymat sur l'identité des utilisateurs et la fréquence d'utilisation ». Les collectionneurs de péchés ont droit, comme tout le monde, à la protection de leurs données personnelles.

Au printemps 2020, des prêtres d'Orléans ont lancé, eux, le site Internet Padrelib.fr, sorte de Doctolib de la confession. Contrairement à

GoConfess, les pénitents peuvent choisir leur confesseur – Ignace, Marie-Vianney, Jean-Augustin… – qui n'est donc pas anonyme. Ils réservent ensuite un créneau dans les plages horaires proposées par l'ecclésiastique. Désormais, il n'y a plus de risques de file d'attente devant le confessionnal !

EST-IL POSSIBLE DE SE REPENTIR PAR TÉLÉPHONE ?

Non, mais allô, quoi ! Cette pratique n'est vraiment pas en odeur de sainteté au sein de l'Église. En 2010, au début du Carême, un service téléphonique baptisé Le Fil du Seigneur s'y est risqué, s'attirant les foudres de l'épiscopat hexagonal. « Pour vous confesser, tapez 2. C'est à vous maintenant… », suggérait une voix solennelle digne de celle de Dieu s'adressant à Moïse dans *les Dix commandements.* Avec ce dispositif miraculeux facturé 15 centimes la minute, plus besoin, pour les cathos, de se rendre au confessionnal pour avouer ses fautes. Après, notamment, lecture d'un passage de l'Évangile, le répondeur invitait le pénitent à faire acte de contrition en répétant une formule magique : « C'est ma faute, ma très grande faute... » Seulement voilà, soulager sa conscience n'est pas simple comme un coup de fil. La Conférence des évêques de France dénonçait immédiatement cette initiative de boîte vocale n'ayant « aucunement l'aval de l'Église catholique ». « Il est inadmissible d'entretenir la confusion sur la notion de confession. Pour le fidèle catholique, elle a un sens sacramentel qui requiert la présence effective d'un prêtre », s'indignaient, à l'époque, les calottes violettes. De même, l'absolution par visioconférence, Skype ou encore WhatsApp est totalement bannie. La cyberconfession n'est franchement pas pour demain. Les sacrements de la réconciliation sont des rendez-vous de la grâce divine avec l'homme composé d'un corps et d'une âme, incompatibles avec les nouvelles technologies. Dès 2002, le Vatican a rappelé que « la réalité virtuelle ne peut remplacer la présence réelle du Christ » et que « la confession en ligne » ne peut avoir de valeur sacramentelle. Cette règle souffre néanmoins de quelques très rares exceptions. Ainsi, durant le confinement lié au Covid-19 au printemps 2020, le père Christian a confessé par téléphone des malades dans un « état désespéré ». « La seule condition, c'était que si le pénitent s'en sortait, il devait alors venir se confesser de visu », explique-t-il.

PEUT-ON SE CONFESSER DIRECTEMENT À DIEU ?

Niet, sauf pour des broutilles ou des circonstances exceptionnelles liées par exemple à la pandémie de coronavirus. Dans la très grande majorité des cas, il est impératif de passer par son intermédiaire, son serviteur, son intendant : le prêtre. Quand le pénitent lui avoue ses péchés, il demande, en fait, pardon à Dieu. « Et quand je dis : *je te pardonne*, en fait, c'est Dieu qui parle. On fait quand même un beau métier », jubile le père Cédric. Le prêtre agit *« in persona Christi »*. Ce pouvoir a été donné aux douze apôtres par Jésus en personne si l'on en croit ce passage évangélique : « Il souffla sur eux et leur dit : *Recevez l'Esprit saint. Ceux à qui vous remettrez les péchés, ils leur seront remis ; et ceux à qui vous les retiendrez, ils leur seront retenus.* » « La rémission des péchés est un trésor très précieux. C'est le mandat premier de Jésus ressuscité aux apôtres », encense le père Patrick. Le sacrement de réconciliation, cette possibilité de pardonner un chrétien reconnaissant ses péchés conférée à un prêtre, est l'un des sept sacrements de l'Église catholique – le fameux septénaire défini au XIIe siècle – au même titre que le baptême, l'eucharistie, la confirmation, l'onction des malades, le mariage et l'ordination. « J'aime tous les sacrements. Chacun participe à la même œuvre de salut et dit quelque chose de la créature humaine. Mais si celui de la réconciliation n'avait pas existé, il m'aurait manqué », formule le père Thomas.

LA CONFESSION DEVANT UN HOMME D'ÉGLISE EST-ELLE UNE SPÉCIFICITÉ CATHOLIQUE ?

Presque ! Cette particularité est aussi en vigueur chez les orthodoxes. Selon l'Évangile, la faculté de pardonner les péchés a été donnée à l'Église par Jésus. Durant sa vie sur Terre, il a annoncé à Pierre et aux apôtres qu'il leur conférait le pouvoir de « lier et de délier », autrement dit d'absoudre ou non. Il a ainsi confié de manière spécifique au prêtre, dans la suite des Apôtres, le pouvoir de pardonner les péchés. Le clerc est envoyé au nom du Christ pour être à son tour apôtre de la réconciliation. À travers lui, c'est Dieu lui-même qui agit. Cet intermédiaire n'existe pas dans le protestantisme, l'islam et le judaïsme. Chez les protestants, le pasteur accorde le pardon dans la liturgie du culte. Chez les musulmans, on ne confesse ses péchés qu'auprès de Dieu en vue de se repentir et d'obtenir le pardon. Chez les juifs, la confession des fautes est intégrée à la prière collective quotidienne, formulée à voix basse et au pluriel.

LES CATHOS NE SONT PAS DES SAINTS, MAIS…

Quelle est la morale de toutes ces histoires ? À écouter les prêtres dévoiler les dépravations de leurs paroissiens, on se dit, avec du recul (et un sens du raccourci sans doute), que les fidèles catholiques ressemblent aux athées, à ces Messieurs et Mesdames Tout-Le-Monde qui n'ont pas la foi. Comme si l'enseignement de l'Évangile n'avait aucun effet sur les déviances. Mais les clercs qui, en bons gardiens de troupeau, se décarcassent pour rendre meilleurs leurs brebis, ne partagent pas du tout cet avis. Pour eux, la confession bonifie le cœur de leur auditoire. Elle permet de s'élever. Certains la comparent à un escalier en colimaçon : ce n'est pas parce qu'on tourne en rond qu'on fait du surplace.

CRÉATION RATÉE

« À les écouter, les pénitents ont tous les défauts du monde, on a parfois l'impression que Dieu a raté sa création. Alors pour détendre l'atmosphère, je demande : *vous pourriez aussi me confesser trois qualités que le Seigneur vous a offertes.* »

Père Hubert

✝

UN TRUC EN PLUS

« Les chrétiens sont de la même humanité que les autres, ils ne sont pas meilleurs. Mais eux ont la joie de savoir que le péché peut ne pas avoir le dernier mot, que Dieu peut pardonner, consoler, relever, encourager… Comme le dit la lettre de saint Jean : *si notre cœur nous condamne, Dieu est plus grand que notre cœur.* »

Père Hervé

PAS MÉCHANTS

« Ce sont des pécheurs mais pas des méchants. Ils ont peut-être de la haine dans le cœur mais ils veulent s'en débarrasser et ça, ce n'est pas donné à tout le monde. »

Père Éric

PAS SALAUDS

« Je ne me dis pas en confessant : *les chrétiens sont des salauds !* »

Père Jean-Luc

PLUS PRÈS DE TOI MON DIEU

« Plus on a un grand sens de Dieu, plus on s'en rapproche, plus on se reconnaît pécheur. »

Père Didier

ÉVOLUÉS

« Je n'entends pas beaucoup de péchés liés au sexisme. Les chrétiens sont plus évolués sur ces questions-là, en avance dans le respect de la personne. »

Père Denis

EXEMPLAIRE

« Le prêtre que je suis est toujours édifié par le pénitent que j'accueille et qui vient me voir pour rencontrer Dieu. Je suis frappé par sa foi, ses exigences de vie spirituelle. Il ne se complaît pas dans la médiocrité. Il nomme son péché. Il n'y a pas d'inconscience et d'insouciance. »

Père Paul

LOYAL

« Chez les adultes, ceux qui se confessent régulièrement ont un désir de droiture. »

Père Hervé

CONFIANCE AVEUGLE

« J'ai confiance en Dieu qui me pardonne, me relève toujours quand je tombe. C'est parce que j'ai cette confiance que je prends conscience que je peux m'améliorer humainement. »

Père Antoine

NO LIMIT

« C'est sans fond la misère et l'horreur humaines. Il n'y a pas de limite à la dépravation. »

Père Christian

DISPO

« Quand il s'agit de sauver des âmes, on est là. »

Père Bertrand

IGNORANTS

« Il y a des milliers de pécheurs chaque dimanche mais ils n'en ont pas conscience. On n'est pas complètement pécheur quand on ne le sait pas, ça doit être commis en pleine conscience. »

Père Stanislas

VERS LE HAUT

« Mon job, c'est de tirer les pénitents vers le haut, leur montrer que je les aime. La confession m'a ouvert les yeux sur le cœur des gens et aidé à être plus accueillant avec tout le monde. »

Père Francis

EMPATHIE

« Je dis souvent : *mais vous savez que vous êtes une belle personne ?* Reconnaître ce qui m'a séparé de Dieu, c'est faire preuve d'une fantastique humilité. Je dois forcément avoir de l'empathie. »

Père Pierre

EXIGENCE

« L'exigence du bien est plus grande chez un catho. Ce qu'il considère comme un péché ne l'est pas forcément par celui qui ne croit pas. »

Père Christophe

SANTO SUBITO !

« Dans leur manière de se confesser, je ressens parfois de la sainteté, de la délicatesse chez les cathos. Ils sont bien meilleurs que moi. »

Père Thierry

FAN DE

« Je n'ai jamais changé mon regard sur quelqu'un que j'avais confessé. Au contraire, j'ai même une admiration, parce que la vérité est toujours un courage. Même si la personne a déposé des choses très lourdes, elle a déposé des choses vraies. Je ne suis jamais surpris par ce que j'entends. On accueille la personne pour ce qu'elle est, pas pour ce qu'elle a fait. Elle n'est pas là pour être évaluée. Je sais bien qu'on est tous capables du meilleur et parfois du pire. Même les meilleurs sont fragiles. Tous les grands saints ont fait face à de vrais combats. »

Père Hervé

LES QUESTIONS QUE L'ON SE POSE : **LE B.A.-BA DE LA CONFESSION**

NOS PÉCHÉS SONT-ILS ÉCRITS SUR NOTRE FRONT ?

Pas du tout ! « Je suis témoin de la distance entre les apparences et ce qui se passe vraiment dans la vie des gens. Sous les plus beaux auspices de la réussite peuvent se cacher des drames intérieurs terribles », prévient le père Hubert. Dans un couvent comme un confessionnal, l'habit ne fait pas le moine ! « Il y a des pénitents très surprenants, comme ce monsieur apparemment très gentil avec qui on travaille magnifiquement bien dans la paroisse et qui, dans sa confession, explique être hypercolérique à la maison », révèle le père Vincent. « Ou ce grand-père adorable avec ses petits-enfants et qui s'avère être un salaud avec son épouse », s'étonne le père Alexis. Tous les pénitents ont néanmoins un point commun. « Ils se mettent à nu en livrant des paroles d'une grande vérité, qui recèlent une certaine beauté. C'est très impressionnant, il y a du tragique dans la reconnaissance de la faille », admire le père Jean.

À QUELLE FRÉQUENCE UN « BON CATHO » DOIT-IL SE CONFESSER ?

Il est un minimum syndical à respecter quand on est croyant pratiquant. Une obligation, inscrite au paragraphe 1 457 du Catéchisme de l'Église catholique, stipule que « tout fidèle parvenu à l'âge de la discrétion doit confesser, au moins une fois par an, les péchés graves dont il a conscience ». De leurs côtés, les prêtres invitent les baptisés à se réconcilier « régulièrement » avec le Seigneur à l'approche des grandes fêtes chrétiennes comme Pâques et Noël. « Ce peut être aussi une fois par mois ou à un rythme déterminé avec un accompagnateur. On peut en effet aussi vivre cette rencontre sacramentelle encore plus fréquemment comme un acte de foi ou parce que l'on porte des choses lourdes », indique-t-on sur le site internet de l'Église de France. Mais gare aux excès de zèle ! « Il n'est pas souhaitable de se confesser tous les jours. Porter son péché est aussi une expérience spirituelle. Nous ne sommes pas dans une conception hygiéniste de la confession où il faudrait enlever une tache dès qu'elle apparaît », prévient la hiérarchie catholique de notre pays. « Une confession trop fréquente engendre scrupules et inquiétudes », confirme-t-on du côté de la paroisse parisienne Saint-Louis d'Antin. Selon le credo des pros de la contrition, moins on se confesse, et moins on a envie d'y retourner. À l'inverse, plus on « expérimente l'amour miséricordieux », plus on y prend goût.

« Quand les gens redécouvrent le sacrement profond de la réconciliation, ils ont envie de revenir », observe le père Alexis. « Plus on pratique, plus on affine sa conscience, plus on comprend l'appel de Dieu, plus on apprend à lire dans son cœur. Les grands saints se confessaient souvent et longtemps. On se demande d'ailleurs ce qu'ils pouvaient bien raconter ! », se marre le père Franck. Et si savoir bien se repentir était la voie royale vers la canonisation ? « Qui se confesse bien devient un saint », promet, en effet, le pape François, paraphrasant un célèbre prêtre italien, don Giacomo Tantardini, disparu en 2012.

POURQUOI LES CONFESSIONNAUX AFFICHENT COMPLET À L'APPROCHE DE PÂQUES ?

Tout simplement à cause d'une règle ancestrale toujours en vigueur édictée lors du quatrième concile du Latran en 1215 sous la houlette du pape Innocent III. Elle établit l'obligation de se confesser et de communier au moins une fois l'an, au temps de Pâques. C'est de là qu'est née l'expression « faire ses Pâques ». Globalement, à l'approche de toutes les grandes fêtes religieuses catholiques (Pâques, Noël, Pentecôte, Ascension...), les prêtres font face à une demande de confessions en forte hausse. Cela ne date pas d'hier. « Je retournais me confesser à toutes les grandes fêtes et c'était une vraie fête pour moi à chaque fois que j'y allais », s'enthousiasmait, au XIXe siècle, la petite Thérèse de Lisieux.

POURQUOI LES MAUVAISES LANGUES SONT-ELLES BAVARDES EN CONFESSION ?

Un petit ragot par-ci, une grosse rumeur par-là… « La langue est un bel instrument de torture que j'appelle la médisance et la calomnie », soupire le père Jean. Le commérage, fléau vieux comme le monde, est un sport national auréolé de moult confessions. Les mauvaises langues sont visiblement bavardes quand il s'agit d'avouer leurs petitesses. « Critiquer sa belle-famille, ternir la réputation de ses voisins, rejeter la faute sur son voisin de bureau, dénigrer son collègue pour décrocher le poste… sont des péchés très classiques », note le père Olivier. Visiblement, avouer ce type de vice n'a rien du chemin de croix. « Confesser une poignée de médisances, c'est facile et indolore. Mais sortir un gros truc, un vrai grand péché, là, c'est plus difficile, il faut du courage, s'affronter, se mettre en vérité face à soi-même », prévient le père Arnaud. Quoi qu'il en soit, le Catéchisme de l'Église catholique fustige l'auteur de médisance qui, « sans raison objectivement valable, dévoile à des personnes qui l'ignorent les défauts et les fautes d'autrui ». Il blâme également le fabricant de calomnie qui, « par des propos contraires à la vérité, nuit à la réputation des autres et donne occasion à de faux jugements à leur égard ». Si le catholique dit de son prochain, sans qu'il y ait nécessité, du mal qui était vrai (médisance) ou du mal qui était faux (calomnie), il est un pécheur aux yeux du Seigneur. Les complices qui, devant la machine à café ou ailleurs, écoutent avec délectation les baveurs deviennent également des pénitents. Tout le monde devrait le savoir : pas de messe basse sans curé !

Il n'y a pas d'âge pour cancaner. « Chez les adolescentes, les conflits entre copines sont monnaie courante, la médisance arrivant en tête. Elles regrettent d'avoir été manipulatrices, d'avoir trahi leur meilleure amie ou de s'être vengées après avoir été trahies », signale le père Thomas. Le pape François fait la guerre à tous ceux qui nourrissent les potins, ciblant en particulier les coiffeurs qui « doivent avoir une conversation sympathique avec leurs clients, éviter de céder au bavardage, tentation légitime dans ce genre d'environnement professionnel ». « Il faut savoir se taire, éviter les commentaires sur autrui car parler des autres, c'est parfois être tenté d'en dire du mal, ce qui signifie souvent les détruire. Or les commérages sont des gifles à la réputation d'une personne », réprimande le souverain pontife.

MULTIRÉCIDIVISTES

La langue de Molière leur a offert un mot dans le dictionnaire : les habitudinaires sont ceux qui commettent toujours le même péché. Pour ces multirécidivistes de la bassesse, le pape François a des paroles réconfortantes : « Dieu ne se lasse pas de nous pardonner, c'est nous qui nous lassons de lui demander pardon. » Autre profil de pénitent : celui qui est accro à la flagellation et abuse de la gratuité du sacrement de réconciliation.

FAUX REGRET

« Ce qui me navre le plus, c'est quand je ne sens pas un regret vrai chez le pénitent. Dès la sortie du confessionnal, je sais que c'est reparti pour un tour, que le cœur va de nouveau être sali. Il n'y a pas une vraie profondeur dans la démarche intérieure. »

Père Jean

GRIS-GRIS

« L'absolution n'est pas un gris-gris magique tombé du ciel. »

Père Benoît

RÉCIDIVE GARANTIE

« Chez l'ado scrupuleux, il est question de masturbation. Il a le ferme propos de ne pas recommencer. Mais il récidivera sans doute. Alors je lui dis : *écoute, avance, mais tu vas sûrement le refaire, alors ne te focalise pas là-dessus.* »

Père Olivier

« N'EST PAS SAINT QUI VEUT »

« Le pardon de Dieu repousse le péché. Mais en être totalement débarrassé, ça, c'est une autre paire de manches. On en commet moins mais il y a toujours des phases où l'on retombe. Les catholiques voudraient devenir parfaits. Mais n'est pas saint qui veut. »

Père Franck

FADA

« Pendant un temps, je confessais un homme qui débarquait tous les 3-4 jours puis je ne l'ai plus revu. Peut-être que tout va bien maintenant. Mais j'ai souvenir qu'il était un peu fada. »

Père Denis

PÉNITENT COMPULSIF

« Certains ont un rapport aux péchés très pathologique. Ils n'ont plus le discernement nécessaire. On leur donne l'absolution mais ça ne leur suffit pas. Dans l'heure qui suit, ils déboulent chez un confrère. Entre prêtres, on peut s'alerter. »

Père Laurent

LES QUESTIONS QUE L'ON SE POSE : **LE B.A.-BA DE LA CONFESSION**

PEUT-ON CONFESSER TOUJOURS LES MÊMES PÉCHÉS ?

Oui, et dans la réalité, c'est visiblement bien souvent ce qu'il se passe. Les péchés sont tristement conformistes. Un catholique, aussi bon soit-il, ne change pas du jour au lendemain. Une fois le pardon divin accordé, il a naturellement tendance à retomber dans ses travers. Résultat : il a souvent l'impression de dire toujours la même chose au confessionnal, victime de la monotonie de ses errements. Mais les prêtres ne s'offusquent pas d'entendre des refrains identiques, invitant leurs ouailles perroquets à ne pas être effrayées par ce bégaiement. C'est leur patron, le pape François, qui porte ce message bienveillant. « Le Seigneur ne se lasse jamais de pardonner : jamais ! C'est nous qui nous lassons de lui demander pardon. Demandons la grâce de ne pas nous lasser de demander pardon », lançait-il lors d'une homélie de l'Angélus en 2015. Son prédécesseur Benoît XVI avait, lui aussi, convié les catholiques de la planète à fréquenter plus assidûment les confessionnaux, quitte à se répéter. « Nos péchés sont toujours les mêmes. Mais nous nettoyons nos chambres au moins une fois par semaine. Il est très utile de se confesser régulièrement pour cultiver la propreté et la beauté de l'âme et mûrir peu à peu dans sa vie », suggérait-il.

FRANÇOIS CLOUÉ AU PILORI

Depuis son accession au trône de saint Pierre en 2013, François est le pape des petites phrases qui font un buzz planétaire et qui, souvent, bousculent voire dérangent la communauté catholique. « Je me sens parfois anticlérical », confesse-t-il avec un humour déroutant. « Si un grand ami dit du mal de ma mère, il doit s'attendre à recevoir un coup de poing », prévient le boxeur à la croix pectorale qui ne craint pas de jouer au plus malin. « Moi, rusé ? Oui, en effet, je l'admets », a-t-il un jour concédé. Les fidèles en prennent généralement pour leur grade quand le Dieu des formules choc leur assène : « Il y a trop de chrétiens de salon » ; « certains croient, excusez-moi du terme, que, pour être de bons catholiques, ils doivent être comme des lapins » ou encore « le Seigneur veut que nous soyons des pasteurs, pas des brosseurs de brebis ! » Même les prêtres sont dans le collimateur du capitaine : « Avec une tête d'enterrement, vous ne pouvez pas annoncer Jésus ! » Face à ces attaques verbales destinées à changer les mentalités, une partie des ouailles et du personnel en clergyman nourrit de l'amertume, n'hésitant pas à casser du sucre sur la mitre du souverain pontife. Avant de le regretter et de le... confesser.

GAUCHO

« Le péché contre le pape François, c'est tout le temps. Le Saint-Père est clivant, il suscite du rejet chez une partie de la communauté catholique : *je ne suis pas d'accord avec lui, il est trop cool sur la sexualité, c'est un pape de gauche, je n'aime pas sa façon de gouverner l'Église, il casse tout ce qu'ont fait Jean-Paul II et Benoît XVI*... Parfois, c'est carrément une détestation. J'ai même confessé des prêtres qui s'accusaient de charger le pape François. Avec lui, c'est sans limites ! »

Père Jacques

LAPINS REPRODUCTEURS

« Critiquer le pape François à la sortie de la messe, ce n'est pas très sain, c'est même un péché. Des fidèles se rendent compte qu'ils n'ont pas d'amour pour lui. Ils ne sont plus dans une relation de confiance. Sa petite phrase sur les lapins reproducteurs a pu blesser les familles nombreuses. Ses appels écolos ne passent pas toujours. Le chrétien n'a pas envie qu'on lui dise de trier ses déchets, il veut sa petite messe tranquille le dimanche. »

Père Arnaud

TROP LAXISTE

« J'ai entendu : *j'ai pensé du mal du pape parce qu'il est en train d'assouplir les règles de l'Église catholique.* »

Père Marc

FLINGAGE

« La communion n'empêche pas d'avoir d'éventuels désaccords avec le pape François. Ce qui est peccamineux, c'est quand le désaccord des idées se transforme en mépris, médisance, flingage de l'adversaire. »

Père Emmanuel

ON NE PEUT PAS PLAIRE À TOUT LE MONDE

« Chaque pape a provoqué son lot de péchés. À l'époque de Jean-Paul II, j'ai entendu : *je ne comprends pas pourquoi il ne prône pas l'usage du préservatif*. Certains dénoncent plus généralement le fonctionnement de l'Église, par exemple : *j'ai du mal avec le cléricalisme.* »

Père Éric

DROIT AU RESPECT

« Benoît XVI était aussi critiqué : *le côté tradi, ce n'est plus mon Église*. Je répondais au pénitent : *on peut ne pas aimer le personnage mais il a droit au respect*. À l'inverse, il ne faut pas tomber dans la papolâtrie. »

Père Christophe

LES QUESTIONS QUE L'ON SE POSE : **LE B.A.-BA DE LA CONFESSION**

LE PAPE SE CONFESSE-T-IL ?

Pour le 1,3 milliard de fidèles catholiques de la planète, l'exemple vient d'en haut. Le pape François se confesse, en effet, tous les quinze jours auprès d'un prêtre, un père franciscain. « Je n'ai jamais eu besoin, le voyant trop frappé par mes péchés, d'appeler une ambulance pour le reconduire chez lui », plaisante-t-il. N'importe quel clerc dans le monde peut recevoir les confidences du *big chief* ! « Je suis pécheur, je me sens pécheur. Dieu m'a regardé avec miséricorde et m'a pardonné. Aujourd'hui encore, je commets des erreurs et des péchés », a confié, en 2015, Jorge Bergoglio dans la revue officielle du Jubilé de la miséricorde. C'est une confession en 1953 alors qu'il avait 17 ans qui a « orienté » sa vie et nourri sa vocation. « Je me souviens que le prêtre m'a fait un sourire », se rappelle-t-il. La miséricorde divine est inscrite dans sa devise épiscopale, reprise pour son pontificat : « *Miserando atque eligendo* », « choisi parce que pardonné ». En bon jésuite, un ordre religieux qui fait la part belle à l'accompagnement spirituel, il accorde une place particulière à ce rituel. Depuis son accession sur le trône de Saint-Pierre, il ne cesse d'inviter les pénitents à se libérer de leur fardeau, répétant qu'« il ne faut pas avoir peur de la confession », ce « passage de la misère à la miséricorde ». « C'est vrai que, quand on va au confessionnal, on ressent un peu de honte. Mais on n'y rencontre pas un jugement sévère, mais le Père, immensément miséricordieux. » Il n'hésite pas à se montrer pénitent publiquement. Le 9 mars 2018, lors d'une soirée de confessions à la basilique Saint-Pierre au Vatican, il s'est agenouillé dans un confessionnal, dépourvu de ses ornements liturgiques, sous les yeux de la foule et des objectifs. Pour lui, « recevoir, par l'intermédiaire du prêtre, le pardon des péchés est une expérience toujours nouvelle, originale et inimitable ». « Le pardon de Dieu n'est pas une photocopie qui se répète à l'identique à chaque passage au confessionnal », compare-t-il. Il rassure les pénitents : le confessionnal n'est pas « une salle de torture » et la confession « pas un tribunal destiné à condamner ». Et de mettre en garde les prêtres qui outrepasseraient leur mission. « La tradition nous indique que le double rôle des confesseurs est d'être médecins et juges. N'oublions jamais que le médecin est appelé à guérir et le juge à absoudre », martèle-t-il. Le pape Jean-Paul II s'est, lui, un jour confessé auprès d'un prêtre mendiant qui errait dans les rues de Rome et faisait la manche sur le parvis des églises. Il l'avait convié dans ses appartements privés pour un repas. « Prêtre, voulez-vous bien entendre ma confession ? », demandait alors le Saint-Père polonais. Le fidèle à la rue répondit d'abord qu'il était défroqué et n'avait plus le droit d'exercer un ministère. Mais le patron de l'Église catholique lui rétorqua qu'on est prêtre pour l'éternité et qu'il avait le pouvoir de le rétablir immédiatement dans ses fonctions. Le curé réha-

bilité accepta donc d'écouter les aveux du plus puissant des prêtres.
S'il se confesse, le souverain pontife confesse également. Lors du Carême 2017 par exemple, François a donné le sacrement de réconciliation à sept pénitents à la basilique Saint-Pierre.

PÉNITENCES ORIGINALES

Avouer ses péchés est un premier pas vers le pardon. Mais le chemin vers l'absolution passe par la réparation. Car, comme le rappelle le Catéchisme de l'Église catholique, « beaucoup de péchés causent du tort au prochain ». Les chrétiens ayant fauté doivent ainsi « faire le possible » pour « restituer des choses volées, rétablir la réputation de celui qui a été calomnié ou compenser des blessures ». « La simple justice exige cela. Mais en plus, le péché blesse et affaiblit le pécheur lui-même, ainsi que ses relations avec Dieu et avec le prochain. L'absolution enlève le péché, mais elle ne remédie pas à tous les désordres que le péché a causés. Relevé du péché, le pécheur doit encore recouvrer la pleine santé spirituelle. Il doit donc faire quelque chose de plus pour réparer ses péchés », considère l'ouvrage de référence des fidèles catholiques. Ainsi chaque croyant est invité à « expier » ses péchés via une « pénitence » autrement appelée

« satisfaction consistant en de bonnes actions permettant de compenser l'offense faite à Dieu ». Il peut s'agir d'une simple prière, d'une offrande, d'un service rendu, d'une lecture d'un passage de l'Évangile. Ou d'un pèlerinage qui restera modeste : aucun curé, aussi sévère ou pervers soit-il, ne vous demandera au XXIe siècle de marcher pieds nus jusqu'à Fatima au Portugal. « Les pénitences doivent être accessibles. Dans les cas les plus graves, je suggère un pèlerinage avec deux heures de marche à la découverte d'un sanctuaire », rassure le père Christian. « Il ne s'agit pas d'accabler. Le but, c'est de faire du sur-mesure. L'effort, déjà, d'aller se confesser est important. Je veille à ce que la personne soit consolée et encouragée », martèle, de son côté, le père Hervé. Son compère Thierry a la même philosophie : « Je ne demande jamais de pénitence lourde. C'est tellement dur, je ne vais pas en rajouter une couche... » D'un tabernacle à l'autre, les confesseurs font preuve de plus ou moins de clémence et d'originalité. Certaines pénitences ont le don de se démarquer...

OFF

« À une personne accro au portable, je vais lui demander de l'éteindre durant une heure. À un homme dur avec sa femme, je lui suggérerai de revenir à la maison avec un bouquet de fleurs ou d'organiser un dîner romantique aux chandelles. Au salarié hyperactif et proche du *burn-out*, je vais lui proposer de se poser une heure dans son salon ou à une terrasse de café pour savourer un thé. »

Père Arnaud

✝

FAUT QUE ÇA BRILLE !

« Un monsieur évoque ses faiblesses de paresse. Mon regard s'arrête alors sur ses chaussures extrêmement mal entretenues. En pénitence, je lui ai demandé qu'il cire ses souliers de retour chez lui. »

Père Emmanuel

GENDRE IDÉAL

« J'invite le gendre qui dénigre sa belle-mère à prier pour elle. »

Père Francis

PAIX AU CHOCOLAT

« Une jeune femme confesse qu'elle se dispute avec son mari. Alors je lui demande : *qu'est-ce qu'il aime, ton mari ?* Elle me répond : *le chocolat* ! En guise de pénitence, je lui propose donc d'aller lui acheter une tablette en sortant. »

Père Grégoire

DISPENSE DE PÉNITENCE

« Il m'est arrivé une fois de commuer une peine. Un jeune était venu me voir pour confesser qu'il n'avait pas accompli la pénitence que lui avait donnée un autre prêtre pour un vol mineur. J'avais trouvé la réparation exigée par le confrère totalement disproportionnée ! »

Père Michel

MOULIN À PRIÈRES

« Dans ma vie de prêtre, je n'ai jamais dit à un pénitent : *vous me réciterez cinq Pater et cinq Ave*. Je ne suis pas partisan du moulin à prières. »

Père Alexis

MINI-PÈLERINAGE

« Il m'est arrivé de suggérer à une pénitente qui avait une forte culpabilité après avoir avorté d'aller marcher sur la route de Saint-Jacques-de-Compostelle. Juste un petit tronçon, pas tout le pèlerinage quand même ! »

Père Marc

BONNE MINE

« J'oublie parfois de donner une pénitence. Mais généralement, en plus d'un temps de prière et d'un acte de charité, je demande au pénitent d'afficher un visage joyeux, de ne pas faire la gueule parce que la confession doit lui permettre de retrouver du punch. »

Père Didier

AUTOPÉNITENCE

« Je ne donne jamais de pénitence. Ça rime à quoi ? Il faut dépasser cette mentalité enfantine. Moi, je dis au confessé : *vous choisissez vous-même, par votre conscience, la réparation qui vous semble la meilleure. Vous seul savez le mieux ce qu'il convient de faire*. Je le responsabilise. Il est parfois surpris. De même, je donne systématiquement l'absolution. Je laisse Dieu être Dieu. »

Père Antoine

SURSIS

« Parfois, je n'attribue aucune pénitence parce que ça risque d'embrouiller la personne. Elle a conscience de son péché et veut en être relevée, c'est déjà pas mal. »

Père Franck

DIEU À LA RESCOUSSE

« J'invite les confessés à lire la parole de Dieu. Et je dis toujours : *que Dieu me pardonne de considérer sa parole comme une pénitence !* »

Père Hubert

« AIMEZ VOTRE VIE »

« À celui qui répète qu'il est nul, incapable de rien, qui est pessimiste avec lui-même, je propose qu'il s'offre un cadeau, un bouquin, un disque... pour doper sa confiance en lui. C'est pour son épanouissement. Je lui dis : *aimez votre vie.* »

Père Alexis

RESTITUTION

« Dans le cas d'un vol, la restitution ne peut pas être optionnelle. L'absolution ne me rend pas propriétaire de ce que j'ai volé. Mais comment remettre l'objet volé sans encombre ? Il m'est arrivé de faire l'intermédiaire, de rendre par exemple le CD dérobé au magasin. »

Père Emmanuel

FLICAGE

« Je n'ai jamais vérifié si la pénitence avait été accomplie. On n'est pas la Stasi. »

Père Serge

BIENVEILLANCE

« Quand il y a des embrouilles entre collègues, je dis au confessé : *vous allez vous efforcer de prévoir qui vous allez rencontrer au boulot et vous astreindre ensuite à avoir pour chaque personne un encouragement, un compliment. Vous allez positiver !* Cette pénitence, c'est une manière d'être dans l'Église, de l'incarner, on n'est pas dans l'autoflagellation. Est-ce que les gens ont respecté ensuite leur engagement ? Rien à foutre, je ne suis pas flic, c'est une question de confiance entre eux et Dieu. »

Père Alexis

✝

ÉVANGILE EN LIGNE

« Au jeune qui passe trop de temps sur internet et les réseaux sociaux, je dis : *tape sur Google Évangile du jour et déniche une prière. Tu verras qu'internet, ça peut aussi servir à trouver sa voie spirituelle.* »

Père Grégoire

LES BONS COMPTES DE LA CAISSIÈRE

« À la caissière qui a piqué dans la caisse, je ne vais pas lui demander de rendre le billet car son patron risquerait de s'en apercevoir. Alors je l'invite à donner le montant dérobé au clochard du coin ou au petit vieux sans le sou. »

Père Alexis

TOY STORY

« Au petit frère qui ne supporte pas son grand frère, je lui dis *: ce soir tu vas faire une prière pour lui ! Et si tu lui as piqué un jouet, tu vas lui rendre accompagné d'un dessin avec un petit cœur.* »

Père Roger

COUP DE BALAI

« Au procrastineur qui me répète que c'est le bordel dans son appartement, je lui demande de ranger sa chambre avant la fin de la semaine. »

Père Emmanuel

PEINES ADAPTÉES

« Il faut une pénitence à la hauteur de la faute. Si on dit à un confessé *Vous réciterez un Notre Père*, il répond : *oh non, ça ne me suffit pas, je mérite plus !* Il veut offrir quelque chose de consistant au Seigneur, alors je l'envoie faire un petit pèlerinage. »

Père Stéphane

« CERTAINS PRÉFÈRENT LA NORME »

« Souvent, je prends la réparation pour moi. Je prie pour la personne pardonnée. Je ne vais pas dégainer une ordonnance. Bon, si le gars de 70 piges veut vraiment sa peine, je lui donne. Certains préfèrent la norme, c'est terrible. Mais pour moi, l'aveu et le repentir, c'est déjà beaucoup. »

Père Vincent

NARCISSIQUE

« Ne pas s'aimer, c'est se mépriser face à Dieu. Au fidèle qui est dans cet état d'esprit, je dis : *je vous invite à vous offrir une super pâtisserie dès que vous sortirez de l'église et à parler de vous en bien.* En disant par exemple : *je te bénis Seigneur pour la merveille que je suis.* Dieu nous invite à rendre grâce pour ce qu'on est. On ne peut pas vivre en se répétant qu'on est un pourri ! »

Père Christophe

ALLÔ MAMIE ?

« Le péché qui revient souvent chez les jeunes, c'est de ne pas prendre des nouvelles de la grand-mère et du grand-père. Alors je leur demande de leur écrire une lettre ou de passer un coup de fil. »

Père Emmanuel

LES QUESTIONS QUE L'ON SE POSE : **LE B.A.-BA DE LA CONFESSION**

LES PRÊTRES DISPOSENT-ILS D'UNE GRILLE OFFICIELLE DE PÉNITENCES ?

Non, libres à eux d'infliger au pénitent la sanction qu'ils jugent la plus appropriée. On n'est plus au Moyen Âge où les pénitentiels, ces guides utilisés par le confesseur, recensaient tous les types de péchés suivis de leur tarif d'expiation selon la gravité de l'infraction. Le livre le plus prescripteur fut celui de Burchard de Worms, évêque de l'Église impériale allemande au XIe siècle, qui comprenait 159 chapitres, dont beaucoup portaient sur le sexe. Les pratiques les plus crues ont été recensées dans les moindres détails… graveleux. Voici quelques cas d'école, des questions indiscrètes que le clerc était amené à poser à son patient :

« As-tu forniqué avec une moniale, c'est-à-dire avec une épouse du Christ ? Si oui, tu feras pénitence quarante jours, ce qu'on appelle carême, au pain et à l'eau, pour les sept années suivantes ; et tant que tu vivras, tu observeras tous les vendredis au pain et à l'eau. »

« As-tu forniqué avec deux sœurs, l'une ne sachant pas que tu avais souillé l'autre et toi ignorant que la deuxième était la sœur de la première ? Si oui, tu feras pénitence sept ans aux jours établis et après tu pourras avoir un mariage légitime. »

« As-tu forniqué, comme certains ont l'habitude de faire, en mettant ton membre viril dans un morceau de bois perforé ou quelque chose de cette sorte, et par ce mouvement et ce plaisir tu as projeté ta semence ? Si oui, tu feras pénitence vingt jours au pain et à l'eau. »

« As-tu fait ce que certaines femmes ont l'habitude de faire : tu t'es placée sous une bête de trait et l'as provoquée à l'accouplement par quelconque moyen, et ainsi elle s'est accouplée avec toi ? Si oui, tu feras pénitence un carême au pain et à l'eau pour les sept années suivantes. »

COMME UNE MADELEINE

Le confessionnal a un sacré pouvoir lacrymal. Les pécheurs comme les confesseurs y pleurent souvent comme une madeleine. La Bible a montré la voie. La femme pécheresse a mouillé avec ses larmes les pieds de Jésus avant de les essuyer avec ses cheveux et de les couvrir de baisers. Ses péchés multiples ont alors été pardonnés par Jésus à qui elle a montré beaucoup d'amour. Dans les deux camps, on peut sangloter sans retenue. Au XIXe siècle, le curé d'Ars ne se privait pas. « Pourquoi pleurez-vous ? », interrogeait un pénitent découvrant son confesseur en larmes. « Oh mon ami, je pleure de ce que vous ne pleurez pas », rétorquait-il. Le pape François, lui-même, encourage les fidèles à sortir les mouchoirs : « Quand tu arriveras à pleurer, alors, tu seras en mesure de t'ouvrir spontanément aux autres... »

PRÉPARAREZ VOS MOUCHOIRS !

« Je n'ai pas de mouchoirs à portée de main pour les émotifs qui pleurent pour tout. L'Église fournit l'absolution mais pas les Kleenex ! »

Père Denis

ESSUIE-LARMES

« Mon fauteuil servant à la confession essuie les larmes, un don de Dieu. Elles purifient le regard qui devient plus clair et plus sincère. Il ne faut jamais, en confession, ravaler ses émotions les plus fortes, sinon c'est la psychiatrie assurée. »

Père Antoine

CONTAGION

« Il m'est arrivé de pleurer quand la personne me confie, en confession, un secret très lourd qui n'est pas de l'ordre du péché et qui n'a jamais été dévoilé jusque-là. Par exemple avoir été victime d'abus sexuels commis il y a des dizaines d'années. Dans le confessionnal, la miséricorde de Dieu touche le péché mais aussi toutes les blessures de la vie. »

Père Victor

ÉMOTIONS PARTAGÉES

« J'ai parfois envie d'enlacer les fidèles à la fin d'une confession. Je suis scotché par leur foi. Je pleure souvent de joie avec eux. Les émotions sont tellement intenses des deux côtés. »

Père David

YO-YO

« Au début, il y a de la peine chez le pénitent et à la fin, de la joie et des pleurs. C'est le bonheur de découvrir qu'on est aimé envers et contre tout. »

Père Hervé

« HEUREUX CEUX QUI PLEURENT »

« Les hommes qui pleurent en société, ça n'arrive jamais. Mais dans un confessionnal, c'est fréquent. Comme le dit l'Évangile, *Heureux ceux qui pleurent car ils seront consolés.* »

Père Olivier

HUMILITÉ

« C'est à pleurer de voir l'acte de foi d'un fidèle qui se met à genoux pour confesser ses péchés et dire *Je sais que je ne ressemble pas au Bon Dieu.* J'admire l'humilité qui est la sienne. »

Père Jean-Luc

LES SANGLOTS DU TAULARD

« J'ai confessé à la maison d'arrêt des meurtriers, des violeurs, un pédophile... Ils luttent dans leur cœur, ils se demandent s'ils sont dignes de recevoir le pardon. Comme l'a dit un jour mon évêque, ils sont jugés par les hommes mais pas par Dieu. Lorsque le gars qui a tué se met à pleurer, je sais que c'est bon signe. »

Père Grégoire

SOS RACISME

Quand le pape François, dans un élan d'humanité, lance à ses centaines de millions de fidèles, « nous sommes tous des migrants », il ne fait pas l'unanimité. Car tous les cathos ne sont pas des bons samaritains en matière d'accueil des exilés. Pour une frange, les paroles de la Bible « J'étais étranger et vous m'avez recueilli » n'ont pas la résonance attendue. Certains d'ailleurs confessent volontiers leur intolérance, parfois même leur racisme dans l'espoir de devenir plus ouverts et charitables.

TRIPLE PÉCHÉ

« J'ai déjà eu droit à : *je n'aime pas mon curé parce qu'il est noir alors je ne vais plus à la messe*. Là, c'est triple péché. »

Père Jacques

IDÉES EXTRÊMES

« On m'a déjà confessé : *je n'ai pas voulu m'asseoir à côté d'une personne noire dans le bus*. Ou encore : *je suis allé sur des sites extrémistes et je me suis imprégné de leurs idées.* »

Père Marc

REPLI

« Je ne reçois pas de confessions purement politiques, du genre *J'ai voté Le Pen.* En revanche, au moment des élections, je perçois cette tentation quand j'entends *: je sens que je ne suis pas accueillant avec les autres.* »

Père Olivier

CONFESSIONS POLITIQUES

« Les confessions politiques sont très rares. Au moment de la présidentielle, j'ai juste entendu : *je me suis mis en colère quand j'ai entendu tel ou tel candidat !* »

Père Grégoire

VOTE HAINEUX

« Il arrive que des gens confessent avoir mis de la haine dans leur bulletin de vote. Ce n'est pas forcément la haine du migrant, ça peut être la haine de classes, des riches, du patronat... C'est plus fréquent que d'avouer avoir triché aux impôts. »

Père Éric

DÉRAPAGES

« Certains s'accusent d'avoir tenu des propos racistes, d'avoir des pensées négatives à l'égard des musulmans : *faut les foutre tous dehors* ! »

Père Franck

PEURS IRRATIONNELLES

« Un paroissien m'a dit : *j'ai peur, ils sont 15 dans l'appart, la nuit, c'est la nouba. Ce sont toujours les étrangers qui sont aidés en premier. J'ai conscience que je suis raciste, c'est plus fort que moi.* Dans ce cas, je ramène toujours à la parole de Dieu. »

Père Alexis

DIALOGUE

« Le racisme par des paroles, des regards, des jugements, le mépris envers les gens de couleur, le manque d'ouverture... sont confessés. C'est l'occasion d'un dialogue dans lequel il faut distinguer les solutions politiques complexes et l'attitude profonde du cœur. »

Père Olivier

XÉNOPHOBIE

« Une dame de 85 ans m'a dit : *je ne sors pas le soir car j'ai peur des étrangers.* Une autre retraitée : *je n'ai pas donné aux Restos du cœur car il y a trop de migrants parmi les bénéficiaires.* »

Père Vincent

POLITIQUEMENT CORRECT

« Les pénitents ne savent pas toujours distinguer ce qui relève du mouvement d'humeur et ce qui relève de l'intolérance, de la non-acceptation de la différence. Le politiquement correct empêche parfois le discernement. »

Père Paul

ANTI SYSTÈME

« En matière de racisme, des pénitents confessent avoir tenu des propos contre les Arabes : *ils ne respectent pas les lois de la République, ils se sentent chez eux, ils profitent du système.* »

Père Grégoire

PAS DE CONTRITION, PAS D'ABSOLUTION

Faute avouée à demi pardonnée. Mais pour bénéficier d'un pardon total, l'absolution est nécessaire. Le prêtre a le pouvoir de recaler le pénitent mais, dans les faits, c'est extrêmement rare. Selon le droit canonique, « s'il n'y a pas de doute pour le confesseur sur les dispositions du pénitent, et que celui-ci demande l'absolution, cette dernière ne sera ni refusée ni différée ». Pour arriver à ce qu'un membre du clergé ne donne pas le sacrement de réconciliation, il faudrait vraiment que son « client » s'entête à ne pas reconnaître son péché, qu'il n'exprime ni regrets ni remords ou qu'il s'engage... à ne pas du tout changer de comportement. Il n'empêche, l'absolution, comme la prescription d'antibiotiques, n'est pas automatique. Elle ne tombe pas du ciel, elle se mérite : un minimum de repentance est requis. Le coureur de jupons qui confesse son infidélité et demande l'absolution tout en lâchant au prêtre qu'il continuera à honorer sa maîtresse ne verra probablement pas son vœu (pas très pieux) exaucé. En cas de refus d'absolution, le pape François appelle son personnel à y mettre les formes. « Le confessionnal est fait pour pardonner. Et si tu ne peux pas donner l'absolution, s'il te plaît, n'assomme pas le pénitent avec un gourdin ! », assène-t-il.

CGT

« Les Français sont très à cheval sur leurs droits, ils considèrent l'absolution comme un acquis et se comportent dans le confessionnal un peu comme des syndicalistes. Ils ont un rapport compliqué à l'autorité. Certains réagissent mal face à un refus. Il faut y aller avec beaucoup de pincettes, préparer le terrain. Une fois, une dame à qui je ne voulais pas donner le sacrement car elle continuait à vivre en concubinage est repartie en râlant, très vexée. »

Père Thierry

« ON MARCHE SUR DES ŒUFS »

« Je refuse quand ils demandent pardon d'une situation qui perdure, dans laquelle ils sont prisonniers : des relations sexuelles en dehors du mariage, une double vie... Je leur dis : *Dieu vous aime, mais là, vous êtes à mi-chemin.* Je ne les mets pas à la porte. Je leur donne une bénédiction. Ne pas donner le sacrement peut s'avérer très pédagogique. On marche tout de même sur des œufs. »

Père Franck

ULTIMATUM

« Une seule fois dans ma carrière de confesseur, j'ai dit au pénitent : *si vous ne faites pas la démarche de vous dénoncer à la police, je ne vous donne pas l'absolution.* »

Père Michel

LE BON TON

« Il faut toujours respecter les remords du pénitent, sans pour autant l'enfoncer. Si une femme me confesse un avortement, un secret qu'elle a gardé en elle durant vingt ans, le prêtre ne va pas lui dire : *ce n'est pas grave* ! Et à l'inverse, il ne lui lancera pas : *tu vas finir en enfer !* »

Père Hubert

ONE SHOT

« Il m'arrive de surseoir en matière d'absolution. Mais en général, je n'ai pas de succès, je ne revois jamais le pénitent. »

Père Jean

SANS COMPLAISANCE

« Il faut donner le pardon aux gens, ils en ont besoin. Mais il faut aussi qu'il y ait une volonté de changer, je ne veux pas de confession de complaisance. »

Père Gérard

AU MÉRITE

« Celui ou celle qui affirme : *j'ai une double vie, je ne changerai rien, je vous le confirme* ne mérite pas l'absolution. »

Père Benoît

DÉSIR DE CONVERSION

« Je ne donne pas le sacrement à des divorcés remariés, à des couples qui ont des relations sexuelles hors mariage, à ceux qui ont opté pour le concubinage stable. L'absolution suppose un désir de conversion. »

Père Victor

QUI SUIS-JE POUR JUGER ?

« Ce qui me révolte, c'est quand je rencontre d'autres prêtres qui, pour la moitié d'entre eux, refusent de donner l'absolution tant que la situation matrimoniale n'est pas régularisée parce que c'est en contradiction avec leurs principes. Pourtant, les couples qu'ils vont marier n'ont pas attendu d'avoir l'anneau pour baiser ensemble ! Dieu est prêt à tout pardonner. Qui suis-je pour juger que Dieu ne peut pas pardonner ? Moi, il m'est arrivé une seule fois de ne pas donner l'absolution. Je ne percevais aucune sincérité en face, plutôt de l'hypocrisie. La relation n'était pas saine, pas droite. »

Père Alexis

VIEUX CONS

« Quand des retraités viennent me dire : *à mon âge, je ne fais plus de bêtises, je n'ai pas de péchés,* j'ai envie de leur refuser l'absolution. Mais je ne l'ai jamais fait... »

Père Alexandre

RAB

« En plus de trente ans de sacerdoce, j'ai dû refuser l'absolution deux ou trois fois. C'est à moi de me débrouiller pour arriver au pardon, pour susciter chez l'autre le minimum de contrition. Il m'est arrivé de différer l'absolution. Quand la personne, qui ne s'est pas confessée depuis plusieurs décennies, débarque avec un gros paquet, des choses très lourdes, je lui dis : *je ne vous donne pas l'absolution aujourd'hui, on se revoit dans une semaine ?* »

Père Emmanuel

NON NÉGOCIABLE

« J'ai donné l'absolution à un prêtre amoureux d'une femme. Je ne veux pas en rajouter. Il connaît la morale aussi bien que moi. Je ne vais pas dire : *c'est mal ! Je te donne l'absolution à condition que tu te sépares de cette femme*. Je ne marchande pas. »

Père Jean-Louis

EXPLOIT

« Je pardonne toujours dès qu'il y a acte de contrition, dès que j'entends une volonté de trouver une solution malgré la souffrance. L'important, c'est la vérité. Il n'y a rien qui libérera plus que la vérité. Je ne donne pas de pénitence. La démarche de confession représente déjà un événement en lui-même, un petit exploit. Je ne vais pas ordonner : *récitez-moi dix chapelets* »

Père Daniel

SIMULACRE

« Donner l'absolution à un homme qui dit *Je trompe ma femme, je le regrette mais je vais continuer*, ça serait un simulacre. »

Père Olivier

CONCURRENCE

« Une dame est partie avant la fin de la confession, elle s'attendait à ce qu'il n'y ait pas d'absolution. Dans sa tête, c'était oui ou non. Elle est sans doute allée chercher le pardon dans une autre boutique. »

Père Jean-Luc

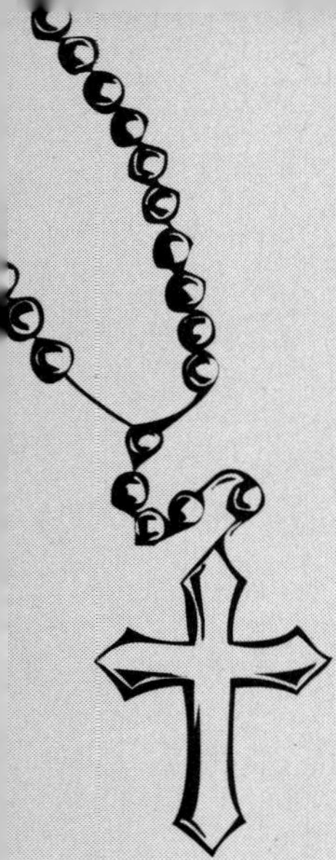

LES QUESTIONS QUE L'ON SE POSE : **LE B.A.-BA DE LA CONFESSION**

DOIT-ON ÊTRE BAPTISÉ POUR ÊTRE PARDONNÉ ?

Les resquilleurs de la foi peuvent dormir sur leurs deux oreilles : aucun confesseur n'exigera, dans les faits, la présentation d'un certificat de baptême ! C'est pourtant une obligation… sur le papier. Pour bénéficier du sacrement du pardon, il faut, en effet, être un membre déclaré de l'Église catholique et donc avoir été baptisé, c'est-à-dire avoir reçu, par trois fois, de l'eau sur le front versé par le prêtre. « Le baptême est la porte qui ouvre l'accès aux autres sacrements », rappelle le père

Paul. Impossible donc pour le non-catholique qui ressentirait le besoin de se délester de ses péchés et d'être soulagé grâce aux effets de l'absolution, de recevoir les mêmes grâces que son frère baptisé. « Les ministres catholiques administrent licitement les sacrements aux seuls fidèles catholiques qui, de même, les reçoivent licitement des seuls ministres catholiques », stipule le Code de droit canonique. « Pour les non-catholiques, on peut prévoir un entretien personnel sur le thème de la faute. C'est l'occasion de la verbaliser. C'est une sorte d'accompagnement spirituel. Mais je ne peux donner l'absolution, seulement bénir la personne », explique le père Paul.

EST-IL OBLIGATOIRE DE SE CONFESSER AVANT DE COMMUNIER ?

Grand-maman, qui a tendance à radoter, vous l'a dit cent fois : autrefois, il était impensable d'aller chercher l'hostie sans être au préalable passé aux aveux ! La confession, qui est un sacrement comme l'Eucharistie, était le sésame pour bénéficier de la communion. Il faut dire que c'est inscrit dans les textes officiels. Il est interdit au fidèle de recevoir l'Eucharistie s'il a une grosse faute sur le cœur. « Celui qui a conscience d'avoir commis un péché mortel ne doit pas recevoir la Sainte Communion, même s'il éprouve une grande contrition, sans avoir préalablement reçu l'absolution sacramentelle, à moins qu'il n'ait un motif grave pour communier et qu'il ne lui soit possible d'accéder à un confesseur », précise le Catéchisme de l'Église catholique. Voilà pour la théorie. Car en pratique, c'est plus complexe que ça. Les avis sont partagés. D'un côté, les puristes estiment qu'il est impératif d'être « propre » avant la communion, union la plus profonde, la plus intime avec le Christ. Avoir un péché grave sur la conscience, c'est, selon eux, dire non à Dieu et transformer la communion en mensonge. À l'inverse, certains catholiques, dissociant les deux sacrements, estiment qu'il n'est pas nécessaire d'être parfait, d'être un ange, pour goûter au corps du Christ. Les mots prononcés par l'assemblée lors de la messe avant la communion sont là pour le rappeler : « Seigneur je ne suis pas digne de te recevoir mais dis seulement une parole et je serai guéri. » À chaque fidèle donc de choisir son camp dans cette querelle entre anciens et modernes et d'agir en son âme et conscience.

TOUS LES PÉCHÉS SONT-ILS PARDONNABLES ?

Tout ou presque peut être pardonné, à condition qu'il y ait contrition. « Jamais on ne dira : c'est trop grave, vous avez franchi la ligne rouge, bye-bye ! », tranquillise le père Arnaud. Le seul péché qui n'est pas « remis » est celui contre l'Esprit, appelé aussi blasphème contre l'Esprit saint. Le Christ en parle dans l'Évangile de Mathieu. Il consiste à refuser délibérément la miséricorde divine, à rejeter le pardon de ses fautes et à ne pas accueillir le salut que Dieu offre à l'homme par l'Esprit saint, le consolateur agissant en vertu du sacrifice de la Croix. Il est commis par celui qui revendique le « droit » de persévérer dans le mal, n'acceptant pas la conversion, niant radicalement toute rédemption. Ce n'est donc pas le degré de gravité de l'acte ayant été commis qui rend le péché pardonnable ou non, mais le manque de dispositions au pardon du pécheur. Refuser l'Esprit, c'est refuser de se tourner vers le Père. Pécher contre l'Esprit, c'est répudier sa foi, de manière volontaire, en toute connaissance de cause.

QUI JÉSUS A-T-IL PARDONNÉ ?

Dans la Bible, Jésus est un *serial* pardonneur. La femme adultère qui, selon la loi de Moïse, devait être condamnée à la lapidation, peut en témoigner. « Que celui qui n'a jamais péché lui jette la première pierre », lance Jésus aux accusateurs qui, lorsqu'ils entendirent ces mots, « se retirèrent un à un, à commencer par les plus âgés et jusqu'aux derniers ». Jésus, seul avec elle, lui demanda alors : « Femme, où sont ceux qui t'accusaient ? Personne ne t'a donc condamnée ? » Avant de la pardonner : « Moi non plus, je ne te condamne pas ; vas-y et désormais ne pèche plus. » L'autre pardon le plus célèbre de Jésus est celui accordé à ses bourreaux alors qu'il se trouve sur la croix : « Père, pardonne-leur, ils ne savent pas ce qu'ils font… »

ÊTRE FRANC-MAÇON EST-IL UN PÉCHÉ ?

Oui, aux yeux de l'Église, les frères tombent dans le vice dès qu'ils appartiennent à une loge comme l'a rappelé, en novembre 1983, le préfet de la Congrégation pour la doctrine de la foi, l'Allemand Joseph Ratzinger. Celui qui deviendra en 2005 le pape Benoît XVI martèle officiellement que ceux « qui appartiennent aux associations maçonniques sont en état de péché grave et ne peuvent accéder à la sainte communion » parce que « leurs principes ont toujours été considérés comme inconciliables avec la doctrine de l'Église ». Quelques mois plus tôt, en janvier 1983, la promulgation, par le pape Jean-Paul II, du Code de droit canon, qui n'avait pas été revu et corrigé depuis près de sept décennies, pouvait pourtant laisser entendre un revirement. Le document ne mentionnait plus la franc-maçonnerie dans son article 1374 consacré aux sociétés conspiratrices, écartant donc de facto l'excommunication pour les fidèles des loges. À la place, le cardinal Ratzinger leur a interdit la communion, ce qui revient presque au même. Les relations entre les « francs-macs » agnostiques et l'Église ont historiquement toujours été conflictuelles. Alors qu'elle ne compte à l'époque que 300 à 400 frères, la franc-maçonnerie est mise à l'index en 1738 par le pape Clément XII dans une bulle baptisée *In eminenti*. Le Vatican lui reproche son culte du secret, ses mystérieuses cooptations alors que les églises sont ouvertes à tout le monde. Il condamne à l'excommunication tous les catholiques qui se convertissent à ces fraternités initiatiques. Les deux camps n'ont jamais fait la paix. En 2013, sur demande de Rome, un curé de Haute-Savoie, adhérent d'une loge du Grand Orient de France, a ainsi été démis de ses fonctions. Les francs-maçons qui ont la foi sont visiblement plus nombreux qu'on ne le croit. « Il m'est arrivé d'en confesser un qui reconnaissait que son appartenance à une loge était incompatible avec ses convictions religieuses tout en voulant continuer à rester membre de la communauté », dévoile le père Olivier.

LA ROUTINE DU PARDONNEUR

Dans le confessionnal, le disque est souvent rayé. Les pénitents se suivent et se ressemblent : ils ont les mêmes péchés à révéler. « Il y a peu d'originalité dans le mal », condense le père Franck. Mais les confesseurs, qui maîtrisent, eux aussi, l'art de la répétition et des formules toutes faites, s'accommodent plutôt bien de cette routine.

ABSENCE D'IMAGINATION

« La charité est inventive, mais le péché, lui, manque gravement d'imagination. Quand on a confessé deux heures dans sa vie, on a entendu tout ce qu'on entendra jusqu'à sa mort. C'est la triste répétitivité des choses. »

Père Emmanuel

HUMANITÉ ORDINAIRE

« Dans 95 % des confessions, c'est de la petite humanité mesquine et ordinaire qui accepte de se mettre à la lumière de Dieu. Avec une humilité confondante : *désolé, mais je vais redire la même chose.* »

Père Éric

TOUT VU TOUT ENTENDU

« Après un demi-siècle de confessions, on n'est plus très surpris par l'humanité. »

Père Jean

ENNUI MORTEL

« Confesser est la chose la plus ennuyeuse au monde, c'est répétitif. »

Père Cédric

MOUTONS

« On n'est jamais surpris. Les fidèles catholiques font comme tout le monde. »

Père David

INÉDIT

« Parfois, je me dis *: tiens, ce péché-là, je ne l'avais pas encore entendu !* On n'est pas à l'abri d'une surprise. »

Père Arnaud

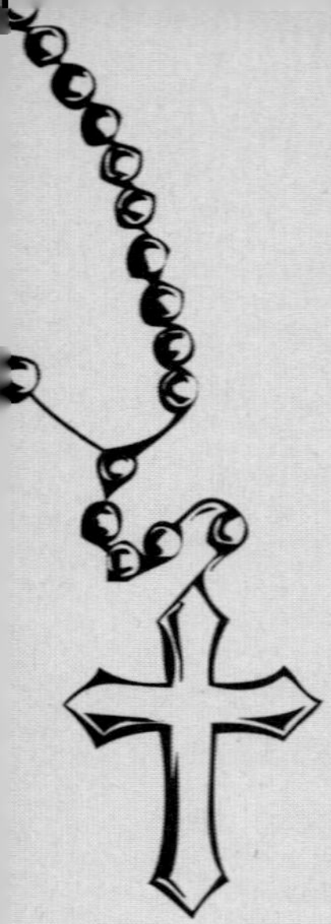

LES QUESTIONS QUE L'ON SE POSE : LE B.A.-BA DE LA CONFESSION

DEPUIS QUAND LES BIPÈDES SE CONFESSENT-ILS ?

La pratique remonte aux débuts de l'Église. Mais en deux millénaires, elle a beaucoup évolué. Dans l'Antiquité chrétienne, la confession n'avait rien d'intime, étant publique, comme la pénitence d'ailleurs, pour les pécheurs les plus aguerris, c'est-à-dire ayant commis des actes graves connus de tous (idolâtrie, homicide, adultère, trahison...). Elle n'avait lieu qu'une seule fois dans la vie du fidèle qui était « condamné » à une lourde punition. Il devait, en effet, entrer dans l'ordre des pénitents dans lequel il restait plus ou moins longtemps en fonction de sa faute. Il en coûtait deux ans pour le vol, sept pour la fornication, onze pour le parjure, quinze pour l'adultère, vingt pour l'homicide et toute la vie pour l'apostasie. Mais des réductions de peine, décrétées par l'évêque, étaient possibles en cas de bon comportement. Au fil du temps, la confession au départ communautaire a pris une forme de plus en plus privée. Dès le VIIe siècle, la pénitence, la « sanction » en elle-même, devient secrète. Mais à cette époque, elle doit être réalisée avant que l'absolution ne soit délivrée. Les moines missionnaires irlandais officialisent la « pénitence tarifée » : la nature de la sanction dépend de la gravité de la faute. Le croyant va désormais à confesse plusieurs fois au cours de son existence. À partir du XIIe siècle, le pardon est accordé au moment même de la confession, avant donc que le pénitent ait accompli sa punition. Le rituel auriculaire (à l'oreille du confesseur) s'impose peu à peu lors d'un tête-à-tête avec le prêtre. « C'est une avancée prodigieuse pour l'Humanité, elle permet à chacun de s'interroger en conscience », applaudit le père Jean. Cette approche, toujours d'actualité, est institutionnalisée par le concile de Latran en 1215.

MIEUX VAUT EN RIRE

Le confessionnal, matière à de nombreuses histoires drôles, n'est pas seulement un bureau des pleurs, il peut, entre deux paroles douloureuses, accueillir des rires libérateurs. Mais parfois aussi, ses locataires en titre – les prêtres – doivent se pincer pour ne pas se marrer.

AMANT COMMUN

« J'ai vécu jeune prêtre une drôle de confession. C'était l'une de mes premières expériences. Un couple d'une cinquantaine d'années patientait devant le confessionnal. Je commence par madame. Elle me confesse tromper son mari avec un homme, un ami du couple. Puis c'est au tour de monsieur d'avouer qu'il trompe sa femme avec un homme, un ami du couple. En fait, j'ai compris au détour d'une phrase que c'était le même gars. Monsieur se tapait l'amant de sa femme. Ça n'a pas été facile pour moi de me retenir d'éclater de rire. »

Père Cédric

TRAGICOMIQUE

« Parfois, c'est tragiquement drôle. On se dit : *mais comment se mettent-ils dans des situations pareilles ?* »

Père Christophe

TROP PERSO

« Je me suis mordu les lèvres pour ne pas rire quand un enfant, doué pour le ballon rond et les dribbles, m'a dit : *je ne fais pas assez de passes au foot.* »

Père Roger

LA POILADE

« La plus belle confession entre prêtres, c'est de terminer dans un éclat de rire. »

Père Cédric

LES VERTUS DE L'HUMOUR

« L'humour permet de prendre de la hauteur, de la distance, de relativiser, c'est une arme thérapeutique très utile, c'est une manière de dire au pénitent : *vous n'êtes pas l'acte que vous confessez.* Cela permet aussi au prêtre de ne pas se mettre dans une situation de toute puissance. »

Père Jacques

AUTODÉRISION

« Certains pénitents rient d'eux-mêmes, convertis à l'autodérision : *je me suis fait avoir comme un bleu quand j'ai commis mon péché*. Ils ne doivent pas être dans la complainte désolante. »

Père Benoît

SACRÉE VANNE

« Les prêtres ne sont pas des saints. Il y a une blague à ce sujet. Une femme entre dans le confessionnal : *mon père, vous avez face à vous la plus grande pécheresse du monde*. Le curé : *un peu d'humilité ma fille !* »

Père Alexis

HISTOIRE VRAIE

« C'est une histoire vraie. Des séminaristes vont se confesser. Ils attendent devant le confessionnal avant d'y entrer à tour de rôle. Le premier raconte son péché. Soudain, le prêtre, un peu sourd, s'exclame : *quoi ? Et en plus, vous êtes séminariste !* Les autres se sont tous barrés. »

Père Roger

INSAISISSABLE ÉVÊQUE

« Un confrère à l'étranger m'a raconté qu'un jour, il avait rencontré son évêque qui lui avait demandé : *voudriez-vous être mon confesseur ?* Il lui avait alors répondu : *oui, bien sûr, venez me voir entre deux péchés !* Il ne l'a jamais revu. Soit il n'a jamais commis de péché, soit les péchés étaient tellement peu espacés qu'il n'a pas eu le temps de se déplacer ! »

Père Hubert

LES QUESTIONS QUE L'ON SE POSE : **LE B.A.-BA DE LA CONFESSION**

COMMENT SE CONFESSENT LES PERSONNES SOURDES ET MUETTES ?

La question se pose depuis le Moyen Âge. Au XIIIe siècle, le dominicain saint Thomas d'Aquin suggérait une confession par écrit. C'est généralement par l'échange de petits papiers que les pénitents privés d'ouïe et les prêtres à l'écoute se comprennent encore aujourd'hui. « Mais c'est parfois compliqué car les personnes sourdes ne sont pas forcément à l'aise avec l'écrit », éclaire un prêtre officiant dans le monde du silence depuis trente ans. Alors dans quelques paroisses en France, des curés maîtrisant la langue des signes, la lecture labiale et la bonne articulation assurent des permanences dédiées. À Rennes, un frère dominicain a ainsi ouvert en 2015 la porte de son confessionnal aux personnes sourdes qui, pour certaines, attendaient depuis des années de recevoir l'absolution de leurs péchés. Le tandem se retrouve dans un endroit lumineux et isolé afin de pouvoir décoder les mouvements des lèvres et s'exprimer à haute voix sans risquer d'être entendu. Lors de la lecture de la formule d'absolution, le prêtre ne pose pas, comme souvent, la main droite sur la tête baissée du pénitent mais le regarde droit dans les yeux pour qu'il puisse décrypter le message sur les lèvres. Il peut arriver enfin que le duo fasse appel à un interprète officiel en langue des signes. Ce professionnel est alors, comme le curé, soumis au secret absolu de la confession.

MOTUS ET BOUCHE COUSUE

Silence absolu même si le péché est un crime horrible ! Selon le dernier Code de droit canonique de 1983, « le secret sacramentel est inviolable ; c'est pourquoi il est absolument interdit au confesseur de trahir en quoi que ce soit un pénitent, par des paroles ou d'une autre manière, et pour quelque cause que ce soit ». La raison est théologique : ce qui se passe dans le confessionnal est une affaire entre Dieu et le pénitent. Donc, le confesseur qui n'est que l'intermédiaire dans cette histoire doit s'effacer pour s'improviser trait d'union entre le Seigneur et le pécheur. « Le confesseur n'est pas le maître mais le serviteur du pardon de Dieu », dicte le Catéchisme de l'Église catholique. Il n'est pas le seul à devoir la fermer coûte que coûte. « À l'obligation de garder le secret sont également tenus l'interprète, s'il y en a un, et aussi tous ceux qui, d'une façon ou d'une autre, ont eu, par la confession, connaissance des péchés », notifie le texte qui régit l'Église catholique.

Le seul pouvoir du prêtre, c'est d'encourager fortement le pénitent à se dénoncer à la police. En France, la justice garantit le secret de la confession en tant que « secret professionnel » au même titre que le secret médical, et punit sa violation sauf lorsqu'il s'agit de révéler « des maltraitances et atteintes sexuelles visant des mineurs ». Dans certains pays, la confidentialité absolue des conversations entre le fidèle et l'ecclésiastique est remise en cause pour des situations précises. En 2017, une commission royale australienne d'enquête recommandait d'obliger les prêtres à révéler les abus dont ils auraient eu connaissance en confession. Les États de Tasmanie, d'Australie méridionale, d'Australie occidentale et le territoire de Canberra ont alors présenté des lois en ce sens. En 2019, un sénateur de Californie proposait une loi pour lever le secret de confession en cas de violences sexuelles. Mais les catholiques, dans leur quasi-totalité, estiment que le confesseur doit strictement garder pour lui tout ce qui lui a été révélé, quelle que soit la nature du péché. En France, pays où de nombreuses affaires de pédophilie ont éclaté ces dernières années, si l'Église souligne que le « prêtre qui reçoit les confidences de l'auteur d'un crime ou d'un délit doit tout mettre en œuvre pour que celui-ci [...] se confie à la justice », elle n'a jamais cédé sur le principe du secret inconditionnel de la confession. Dans une note publiée au cours de l'été 2019 et approuvée par le pape François, le Vatican, via sa Pénitencerie apostolique, tribunal en charge des questions de conscience, a rappelé solennellement l'inviolabilité du secret qui « provient directement du droit divin révélé et plonge ses racines dans la nature même du sacrement, au point de n'admettre aucune exception ». Il s'impose au prêtre « même si la confession est invalide ou si l'absolution n'est pas donnée ». « En présence de péchés qui constituent des infractions, il n'est jamais permis d'obliger le pénitent, comme condition pour l'absolution, à se dénoncer à la justice civile », estime-t-on à Rome. Il est déjà arrivé qu'un prêtre brise, en toute conscience, son obligation de confidentialité... pour la bonne cause des citoyens ! Il y a une quarantaine d'années en Italie, un prêtre avait, en effet, alerté les autorités de son pays qu'un attentat se préparait à la gare de Milan, l'un des protagonistes s'étant confié à lui dans le confessionnal.

LE PASSÉ, C'EST LE PASSÉ

« On ne revient jamais sur une confession passée, on ne rappelle pas les faits antérieurs. On est là pour n'accueillir que ce qui est dit le jour J, ce qui est différent de l'accompagnement spirituel. »

Père Éric

ALZHEIMER

« Le secret de la confession, ce n'est pas compliqué pour moi, j'ai Alzheimer dès qu'on me dévoile un péché. »

Père Jean-Luc

IMPUISSANT

« Un enfant dont les parents sont divorcés fond en larme en confession. Il se prend des coups. J'ai envie d'interpeller les parents mais je n'ai pas le droit en raison du secret de la confession. Alors je ne peux que lui poser des questions : *est-ce que tu en as parlé à un adulte ? À la directrice de ton école ?* »

Père Roger

LIEU SÛR

« La confession, c'est mettre son âme à nu, c'est l'ultime lieu où ce que vous dites ne sera jamais répété, ce qui demande excessivement de confiance. À l'heure de la profusion des caméras de surveillance, c'est un rempart contre la dictature de la toute transparence. »

Père Hubert

NO COMMENT

« Quand on confesse un couple, monsieur et madame l'un après l'autre, faut faire gaffe de ne pas se louper. Car l'histoire vue du côté de l'époux n'est pas forcément la même du côté de l'épouse. Donc je m'abstiens de commentaires quand sont évoquées les fâcheries et les tromperies. »

Père Alexandre

L'APPEL À UN AMI

« Face aux confessions qui mettent en difficulté, face à des actes très graves comme l'avortement ou un crime, je peux demander l'aide d'un confrère tout en respectant l'anonymat du pécheur. »

Père Patrick

JUMELLES

« La hantise pour un prêtre, c'est de confesser des sœurs jumelles sans s'en rendre compte et qui avoueraient le même péché. Imaginez si je dis à la seconde : *mais, vous me l'avez déjà dit ça !* Je trahirais alors le secret de la confession. »

Père Roger

MAINS LIÉES

« Cinq frères et sœurs se confessent l'un à la suite de l'autre. Ils sont unanimes pour dénoncer le comportement abusif de leur mère veuve, jugée trop sévère et brutale avec eux. Impossible qu'ils mentent. Arrive le tour de la maman. Je ne peux pas lui faire la leçon à cause du secret de la confession. »

Père Christian

CAFTEUR

« J'ai rencontré un jeune se préparant à la confirmation qui refusait de se confesser. Il avait eu une mauvaise expérience avec un confrère. Il me disait : *je ne veux pas, vous allez tout dire ! Un jour en homélie, le prêtre avait raconté mon péché. Il n'avait pas donné mon prénom et mon nom mais mes amis avaient réussi à m'identifier.* »

Père Pierre

PÔLE EMPLOI

« Je ne cesse de le répéter aux enfants : *c'est un secret absolu ! Si jamais je le dis à tes parents, je perds mon boulot.* »

Père Olivier

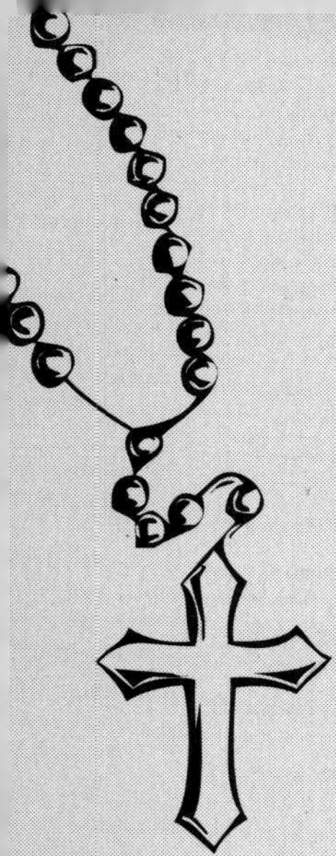

LES QUESTIONS QUE L'ON SE POSE : **LE B.A.-BA DE LA CONFESSION**

QUE RISQUE LE PRÊTRE QUI ENFREINT LA RÈGLE DU SECRET DE LA CONFESSION ?

La plus lourde sanction prévue par le droit canonique : l'excommunication, immédiate, sans appel et sans procès, qui exclut le chrétien de la communauté de fidèles. À Rome, on ne rigole pas avec la loi divine, le droit au secret de la confession ne souffre d'aucune exception ! Selon le canon 1388, « le confesseur qui viole directement le secret sacramentel encourt l'excommunication *latae sententiae* réservée au Siège Apostolique ». Ce terme latin signifie que la peine est automatique, *de facto*, sans qu'il ne soit besoin d'une décision expresse de l'autorité compétente. Elle est effective du seul fait de commettre un délit. Excommunié, le curé ne peut plus célébrer les sacrements, donc dire la messe, baptiser ou… confesser. En revanche, il demeure « baptisé » de l'Église catholique. En 2018, le Saint-Siège a rendu public l'excommunication, en Australie, d'un membre du clergé originaire du Nigeria, qui avait rompu le secret de la confession deux ans plus tôt. La sentence l'interdisait, entre autres, de participer à une prière publique. Mais cette mesure disciplinaire n'est pas forcément éternelle. Elle peut être levée par Rome à la demande du « condamné » autorisé ainsi à revenir « dans la pleine communion ». À l'inverse, il est des figures catholiques qui ont été honorées pour ne pas avoir dérogé au sacro-saint principe. La plus illustre d'entre elles, saint Jean Népomucène, a été canonisée comme martyr du secret de la confession. Sa statue en bronze trône sur le pont Charles à Prague en République tchèque. C'est depuis cet ouvrage que ce prêtre avait été jeté, en 1393, dans la rivière Vlatva sur les ordres du roi Wenceslas IV de Bohème, après avoir été torturé. Il avait refusé de révéler au souverain la teneur des confessions de sa pénitente, la reine Sophie de Bavière, que son mari soupçonnait d'adultère.

PUIS-JE ME VANTER DE MES PÉCHÉS PARDONNÉS AUPRÈS DE MES POTES ?

Rien, officiellement, n'interdit à un fanfaron de crier sur tous les toits qu'il a confessé un vol de mobylette, une séance de fumette illégale ou une relation adultérine. Seul le prêtre qui confesse et toute personne ayant entendu la confession – par exemple un traducteur présent dans le confessionnal – sont tenus au secret sacramentel. Il est conseillé tout de même au fidèle absout de rester très discret sur le contenu de ses échanges s'il ne veut pas risquer de tomber dans le péché de… la vantardise de péchés.

LE QUATRIÈME ÂGE, TROP SAGE POUR ÊTRE HONNÊTE

Les anciennes générations se confessent encore souvent de manière rituelle quand les jeunes, eux, y voient une démarche très spirituelle. Avec une pudeur excessive, les « vieux » viennent déposer dans le confessionnal leur gourmandise, leur absence à la messe dominicale ou le non-respect de l'un des dix commandements. Parfois aussi, ils font le déplacement mais n'ont rien à dire, excepté des jérémiades. De vrais petits saints qui n'ont sans doute pas médité, avant de venir, la première Épître de Jean : « Si nous disons que nous n'avons pas de péché, nous nous égarons nous-mêmes et la vérité n'est pas en nous. »

Ce comportement des aînés agace et fait de la peine aux prêtres en quête de profondeur. Mais selon eux, les temps changent. « La confession a progressé en justesse. Même les personnes âgées parviennent à confier des choses plus intérieures, plus centrales dans leur vie », mesure le père Arnaud. Il y a, en effet, parfois de bonnes surprises. Pour autant, certains papys (et mamies) font de la résistance.

PÉDILUVE

« Certains aînés voient la confession comme un pédiluve avant la communion ! Cela n'est pas sérieux… »

Père Gérard

✝

PRÉCIEUSES RIDICULES

« Je déteste quand, à l'approche de Pâques, les vieilles dames lâchent sur un ton snob : *à mon âge, que puis-je faire de mal ?* Je réponds, avec un air fermé : *je ne vois pas.* Puis la retraitée enchaîne : *ma belle-fille est épouvantable, mon mari est un mufle…* Je conclus : *puisque vous n'avez rien fait de mal, je ne peux pas vous donner l'absolution.* Certaines s'en étonnent. Cette confession grotesque et rituelle, ce sont les vestiges du passé. »

Père Benoît

DIX-HUIT CARATS

« J'ai confessé un homme, d'un âge avancé, qui avait, dans la paroisse, la réputation d'être très arrogant voire humiliant, de se sentir au-dessus de la mêlée. Il m'a dit : *j'ai parfaitement conscience de ce que les gens pensent de moi. Mais ce qu'ils ne savent pas, c'est à quel point je lutte contre ça.* Il était dans le regret de ses attitudes. Il s'était forgé une carapace. Il avait une dignité extraordinaire que personne ne voyait. J'étais le seul à connaître la beauté de ce gars. Cette confession fut un pur diamant. »

Père Thomas

À CÔTÉ DE LA PLAQUE

« La mamie qui veut se mettre en règle se donne bonne conscience devant Dieu avec un péché prétexte : *j'ai repris du dessert pendant le Carême. J'ai mangé un steak le Vendredi saint. J'ai dit un gros mot...* Je lui réponds : *ce n'est pas forcément un problème pour Dieu mais pour votre balance ! Quant au gros mot, ça ne concerne pas Dieu mais votre éducation.* Pour moi, ces fidèles-là sont les flemmards de la foi. Ils ne veulent surtout pas se confronter à l'Évangile. Ce qu'ils estiment être une dette vis-à-vis de Dieu, c'est une dette vis-à-vis de leur surmoi. S'ils sont prêts à m'écouter, je leur propose de leur apprendre à se confesser comme un adulte de 77 ans, pas comme un gamin de 7 ans. Je leur donne des devoirs de vacances. Je les invite à revoir tous les textes bibliques. »

Père Alexis

DIX COMMANDEMENTS

« Les personnes âgées se confessent de façon saugrenue en égrenant les dix commandements. Un rien, deux rien, trois rien… Arrive le sixième commandement *Tu ne commettras pas d'adultère* : *ah oui, j'ai été infidèle il y a 30 piges !* »

Père David

LE CANON DE TROP

« Un homme de 83 ans m'a dit : *vous savez, je ne parle à personne, je n'ai aucun ami, aucune famille, donc je ne peux pas commettre de péché*. Il était venu parce qu'il avait bu le canon de trop. Un gars comme ça, je ne vais pas lui faire la leçon. »

Père Gérard

LARGUÉS

« Les aînés confessent leur incompréhension du monde d'aujourd'hui, ils ne saisissent pas leur siècle, ils se sentent largués par les nouvelles technologies. Et quand ils sont grands-parents, ils ont l'impression de baisser les bras avec leurs petits-enfants. »

Père Bertrand

JOUR DE FÊTE

« Un papy est rentré dans le confessionnal en disant : *je ne me suis pas confessé depuis 40 ans !* J'ai répondu, un grand sourire aux lèvres : *mais c'est un jour de fête alors aujourd'hui !* »

Père Olivier

CHECK-UP

« À la mamie pleine de scrupules, je dis : *votre pénitence, ça serait peut-être de vous confesser moins souvent au lieu d'inventer n'importe quoi.* Une fois par an, je trouve ça intelligent, c'est une sorte de check-up. »

Père Alexis

SHOPPING

« Les vieux n'ont pas la trouille de se confesser, ils débarquent avec leur liste de courses. »

Père Christophe

ZÉRO DE CONDUITE

Au volant, ils jurent comme un charretier ou roulent comme un Fangio en état d'ébriété, laissant sur le bas-côté le Code de la Route. Pris de remords, ces chauffards foncent alors au confessionnal pour se repentir de tous leurs excès (de vitesse) et imprudences. Les ouailles n'ont pas l'exclusivité des infractions. En 1999, un prêtre intégriste, en route à toute blinde (et tombeau ouvert) vers un pèlerinage, avait été chronométré à 190 km/h sur l'autoroute. Le vin de messe n'y était pour rien à en croire l'alcootest qui n'a pas viré au rouge. À la barre du tribunal, il a, sans mentir, juré ses grands Dieux que son bolide s'était « emballé tout seul ».

FAST AND FURIOUS

« Un frimeur du volant se prenant pour le roi du pétrole m'a dit : *j'ai grillé une priorité mais j'ai engueulé le flic qui m'a arrêté*. Pour moi, c'est clairement un péché. Mais je n'ai suggéré aucune réparation. Je ne vais pas lui ordonner de retourner voir le policier et de lui faire une grosse bise. »

Père Denis

PUÉRIL

« Confesser dire des gros mots en roulant est un peu gamin, ça n'a pas beaucoup de sens, ce n'est pas très grave. »

Père Benoît

DANGER PUBLIC

« Brûler un feu rouge est, en plus d'une infraction, un péché : *je mets ma vie en danger et celle d'autrui.* »

Père Patrick

TU T'ES VU QUAND T'AS BU ?

« On voit dans le confessionnal l'impact des campagnes de sensibilisation de la sécurité routière. Les pénitents reconnaissent plus facilement qu'ils ont pris le volant alors qu'ils avaient picolé. »

Père Thierry

QUEUE DE POISSON

« Mes paroissiens confessent prendre parfois des risques inconsidérés en voiture : *pour doubler, je n'ai pas hésité à faire une queue de poisson.* »

Père Christophe

LA PEUR DU GENDARME CONFESSEUR

« J'ai moi-même confessé des imprudences en voiture. Le curé qui me donnait l'absolution m'a prévenu : *attention, ça peut être grave !* Cela aide d'avoir un prêtre un peu ferme. Parfois, pointer du doigt, ça peut provoquer un électrochoc. Mais ce qui aide le plus, c'est celui qui console et encourage. Ce qui n'est pas toujours le cas. Il m'est arrivé de me sentir enfoncé par de longs discours moralisateurs. »

Père Olivier

QUI VOLE UN ŒUF…

Le septième commandement est clair comme de l'eau de roche : *tu ne voleras pas*. Seulement voilà, quand vient l'heure de la rentrée scolaire des enfants, la tentation est grande de chiper quelques cahiers et stylos dans le carton à fournitures de sa boîte. Ce larcin, a priori anodin, est pourtant un péché. L'habit ne fait pas le moine : même les plus fidèles catholiques, qui n'hésitent pas à donner des leçons de morale, ont parfois du mal à résister. « Toi donc, qui enseignes les autres, tu ne t'enseignes pas toi-même ! Toi qui prêches de ne pas dérober tu dérobes », lit-on dans la Bible. Inutile de vous en cacher, vous serez pris la main dans le sac par les caméras de surveillance des cieux. « Les yeux de l'Éternel sont en tout lieu, observant les méchants et les bons », avertit l'Évangile.

BABY-SITTER KLEPTOMANE

« J'ai confessé une baby-sitter qui a chapardé deux trois trucs dans le frigo des parents des enfants qu'elle gardait ainsi qu'un rouleau de PQ. Dieu peut l'aider, je pense, à aller chez le psy. »

Père Arnaud

AUTOMÉDICATION

« Une infirmière m'a avoué piquer des médicaments à l'hôpital. »

Père Roger

VOL JUSTIFIÉ ?

« Un homme m'a confessé : *j'ai piqué des ramettes de papier dans mon entreprise, je peux bien faire ça, le patron est un con.* Souvent, les voleurs se justifient et se donnent le bon rôle. La règle, dans ce cas, est très simple : si j'ai encore le produit de mon vol, j'ai le devoir impérieux de m'en séparer, de le rendre ou de le donner aux pauvres, même si c'est un bonbon ou un stylo. Je ne peux pas regretter un larcin et vouloir en profiter. »

Père Jean-Luc

MALADE

« Quand ça devient de la kleptomanie, une véritable maladie, là, je ne peux plus confesser. Il m'est impossible de pardonner quelqu'un qui n'a pas conscience de son péché au moment où il l'accomplit. »

Père Cédric

VOLEUSE BCBG

« J'ai rencontré une mamie voleuse BCBG qui fauchait dans les magasins. Elle avait pourtant les moyens mais ça l'amusait. Elle volait pour voler. C'était une bouteille de shampoing, des bricoles futiles, pas le casse du siècle. Je lui ai conseillé d'aller consulter un spécialiste. Bien sûr, il y a la question morale mais aussi la mise en danger. »

Père Stanislas

UNE OFFRANDE EN PÉNITENCE

« Aux adultes qui ont chouravé des petites choses, je leur propose, en pénitence, de faire une offrande dans un tronc à l'église. C'est concret, ça ne coûte rien. »

Père Stéphane

VENTRE VIDE

« Un enfant qui crève de faim et dérobe une pomme sur le marché, ce n'est pas un péché contrairement à la bourgeoise bonne mère de famille. »

Père Olivier

✝

MON CURÉ À CONFESSE

Ils sont loin d'être à l'abri d'une défaillance. « Nous, les curés, sommes nombreux à ne pas mériter que l'on croie en nous », résume le pape François. Une à deux fois par mois, les ecclésiastiques confient leurs tourments à leur père spirituel, un ami curé ou n'importe quel confrère. « Parfois, on joue au confessé-confesseur, on inverse les rôles dans la foulée », décrit le père Patrick. Les intéressés ont bien conscience qu'ils ne sont pas une caste à part en matière de mal. « Je sais que je ne ressemble pas au Bon Dieu. Je ne me sens pas beaucoup plus propre que mes paroissiens. Je serais donc hypocrite de les juger », concède le père Jean-Luc. « Si un fidèle me dit *Je n'aime pas assez,* je lui réponds *Bienvenue au club* ! », sourit le père Thomas. « Les prêtres appartiennent à la même humanité, on partage les mêmes fragilités, les mêmes blessures qu'on peut apprendre à apprivoiser », estime le père Hervé. Les carences d'autrui renvoient à leurs propres démons. « On se reconnaît vraiment dans certaines confessions que l'on entend. On s'aperçoit qu'on est de la même trempe », poursuit le père Cédric. « Des fois, je me dis : *celui-là, il est moins pécheur que moi,* ou : *tiens, il est plus courageux que moi* », observe le père Denis. Cette double casquette semble tirer les fournisseurs officiels de pardon vers le haut. « On est des deux côtés du confessionnal. Quand on reçoit un pénitent, on est nous-même un pénitent pardonné. Le pardon, on le pratique pour nous-même régulièrement donc ça permet de mieux le donner », se félicite le père Franck.

Le commun des mortels donne parfois même l'exemple au clergé. « Je me confesse beaucoup mieux depuis que je suis prêtre. Avant, je disais les choses à moitié, j'avais honte. Maintenant, je ne tourne plus autour du pot. En écoutant les autres, je me suis dit : *tiens, ben ça, je devrais peut-être le confesser*. Ça me change la vie », dévoile le père Francis. Mais alors, quand ils sont de l'autre côté de la grille, qu'est-ce que les clercs ont-ils de beau, ou plutôt de mauvais, à raconter à leurs frères-confesseurs ?

IMPRO

« J'ai sauté la préparation d'une homélie, j'ai improvisé lors de la messe du dimanche, c'était tellement mauvais que moi-même, je me suis ennuyé. »

Père Franck

FEIGNANT

« Je manque d'amour pour mes paroissiens, je suis un peu feignant dans les propositions paroissiales, je ne suis pas assez fidèle à la prière. »

Père Benoît

CYBERDÉPENDANT

« Internet prend beaucoup de place dans ma vie, j'ai du mal à gérer ma solitude. »

Père Francis

INCOMPRIS

« Mon évêque ne me comprend jamais. Il me considère comme un pion, j'ai été relégué au dernier rang pour les nouvelles affectations. »

Père Christophe

RÉUNIONITE AIGUË

« Je ne trouve plus le temps de prier à cause de la multitude des réunions. Je n'accorde pas assez d'attention aux marginaux. »

Père Alexandre

MES PRÉFÉRENCES À MOI

« Avec les paroissiens, j'ai une écoute à géométrie variable, je n'ai pas la même bienveillance pour tous, j'ai mes têtes. »

Père Serge

FRUSTRATION

« Je confesse pas mal de prêtres, mes confrères ont confiance en moi, ils savent que je suis ouvert et pas dans le jugement. Dans 95 % des cas, ils évoquent leur addiction aux sites pornos, leur misère sexuelle. Il y a une vraie frustration, une très grande culpabilité. »

Père Marc

MÉDISANCE

« Un confrère a confessé : *j'ai médit contre mon évêque, ce salopard ! Je suis jaloux parce que je voulais être dans telle paroisse et il a mis un crétin à la place.* »

Père Denis

MAUVAIS CHRÉTIEN

« Moi, je me confesse rarement, je suis un mauvais chrétien. »

Père Alexis

SOLITUDE

« La masturbation revient régulièrement chez des religieux et prêtres d'un certain âge dans une grande solitude. Ils vont se sentir sales. Pour moi, ce n'est pas un péché. Je ne donne pas de leçon. Mais au cours de la confession, je vais le questionner : *es-tu seul ? Es-tu heureux ?* C'est une façon de prendre de la distance par rapport à ce qu'il me dit. »

Père Daniel

CLÉRICALISME

« L'abus de pouvoir et le cléricalisme s'invitent dans les confessions. Vous avez des petits chefs à La Poste, vous en avez aussi dans l'Église. Le curé va dire : *j'ai profité de mon autorité de prêtre pour imposer mes vues, je me fous de ce que disent les paroissiens, je n'arrive pas à travailler avec les laïcs, j'ai tenu des propos déraisonnablement salaces, je suis rentré dans un rapport malsain de séduction avec une fidèle dans mes paroles mais aussi mes gestes...* »

Père Alexis

DOUBLE VIE

« J'ai confessé un moine qui avait une double vie. Il entretenait des liaisons avec plusieurs partenaires. »

Père Daniel

COMING OUT

« Un prêtre est un jour venu à moi confesser son homosexualité. »

Père Cédric

ABBÉS COURTISÉS

« Dans les confessions de curés, la sexualité demeure très présente. C'est souvent dans la tête, de l'ordre de la tentation : *j'ai éprouvé du désir pour une paroissienne*. Pour moi, c'est normal, il ne faut juste pas passer à l'acte. Les curés peuvent être aussi courtisés comme ils sont célibataires. Certaines fidèles ont parfois envie d'être l'amie particulière du curé. Et nous, on ne sait pas toujours très bien gérer. »

Père Gérard

DÉGONFLÉ

« J'ai confessé un évêque qui regrettait d'avoir manqué de courage dans ses décisions. »

Père Jacques

CHICANERIES AU PRESBYTÈRE

« On peut confesser des relations tendues entre prêtres au presbytère. Entre les classiques, les modernes, les tradis, les cols romains, les prêtres ouvriers, les curés de droite, les curés de gauche..., ce n'est pas tous les jours facile. »

Père Vincent

PEUT MIEUX FAIRE

« J'ai confessé avoir été mauvais en confession. Je n'ai pas été à la hauteur de ce que la personne me confiait. Des fois, je suis crevé et je peux manquer de délicatesse. »

Père Roger

HOMÉLIE

« Un grand classique de pénitence donnée à un prêtre : *vous méditerez votre dernière homélie, essayez de vivre ce que vous annoncez !* »

Père Pierre

CÉLIBAT

« J'ai entendu des peines de cœur de prêtres qui avaient couché avec une femme ou qui vivaient leur célibat comme une souffrance. Mais le mariage, ça peut être aussi une souffrance. Parfois, quand je confesse des paroissiens, je me dis : *ce type, il aurait mieux fait de ne pas se marier !* »

Père Vincent

BLANC BONNET ET BONNET BLANC

« Des péchés de prêtres ou de simples fidèles qui m'ont étonné ? Aucun, les ayant tous faits moi-même ! Je n'ai jamais été effrayé par ce que j'ai entendu. »

Père Éric

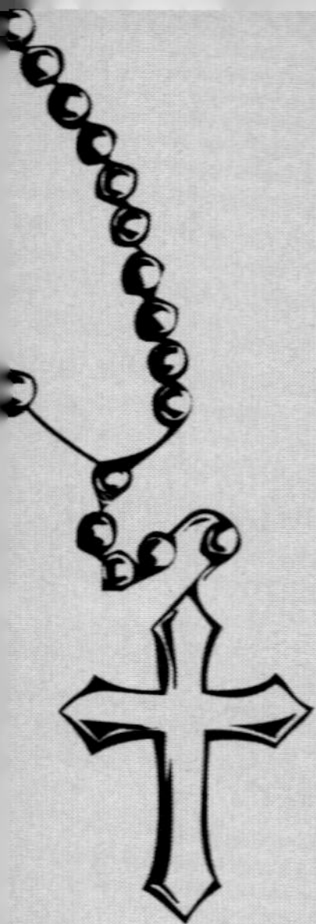

LES QUESTIONS QUE L'ON SE POSE : LE B.A.-BA DE LA CONFESSION

UN ÉVÊQUE PEUT-IL CONFESSER SES PRÊTRES ?

Oh sacrilège, que nenni ! Les patrons des diocèses ne sont pas autorisés à donner le sacrement de réconciliation aux prêtres sous leurs ordres puisque, même s'ils sont tenus par le secret de la confession, les péchés avoués pourraient influencer leur décision lors des nominations. Imaginez la réaction du boss à la crosse si l'un de ses subalternes avouait avoir détourné quelques chèques du denier du culte ! De même, un curé ne confessera jamais son vicaire, sa secrétaire, son sacristain, son trésorier, ses catéchistes et autres forces vives de la paroisse. Dans les congrégations religieuses aussi, le responsable de la communauté n'a pas le droit de confesser ses membres. « Mon supérieur n'est pas mon confesseur. Mon confesseur ne peut pas me gouverner », résume frère Cédric.

TABLE DES MATIÈRES

Imprimé en France
par Normandie Roto Impression s.a.s.
61250 Lonrai
N°d'impression : 2100781
EAN : 978 2 38015 247 0
Dépôt légal : mars 2021